JN185300

400円のマグカップで4000万円のモノを売る方法

「儲けの仕組み」が、
簡単にわかる!

髙井洋子
Yoko Takai

ダイヤモンド社

登場人物

前芝洋介【まえしばようすけ】(31)

港区芝にある「カフェ・ボトム」のオーナー。北海道から上京し、東京タワーが見える場所に憧れて念願のカフェをオープンしたが、2年を過ぎても赤字に苦しんでいる。朝早くから深夜まで店を開けている。名物のスープカレーの研究に余念がない。

遠山桜子【とおやまさくらこ】(45)

「ボトム」近くのタワーマンション最上階に住んでいる。経営コンサルティング会社を経営し、自身も敏腕コンサルタントとして活躍している。出張帰りや、深夜の仕事帰りに寄ることが多く、洋介とよく話すようになる。口癖は「儲けるなんて、簡単よ」。

河田勇人【かわだゆうと】(32)

桜子の部下。

前芝亜弓【まえしばあゆみ】(29)

洋介の妻。洋介に愛想をつかし出て行ったきり。

前芝果菜【まえしばかな】(7)

洋介の娘。

はじめに

「何でウチだけ、儲からないのだろう？」

そう思っていませんか？　やっても、やっても努力が実らず、はじめは、意気揚々とがんばっていたのに、だんだん諦めの気持ちが生まれて、次第に儲けることは難しい、儲けることは悪なんだと悲観的になってしまう……。

そんな人たちに私がお伝えしたいのは

経営は努力をするから儲かるのではない。
儲かる仕組みがあるから儲かる。

ということです。

儲かる仕組みって？　そんなのがあったら教えてほしい。

本屋さんでこの本を手にしている人の声が聞こえてくるようです。そう、多くの人がその「儲かる仕組み」がある事実を知らないでいるのです。将棋に定石があるように、ビジネスにも勝ち方があります。もちろん、たまたま勝ってしまうビギナーズラックもありますが、次もまた運良く勝てるとは限りません。

世の中の儲かっている会社には、「㊙の儲かる仕組み=ビジネスモデル」があり戦略もしっかりあるものです。

もともと、私は自営業の家庭に育ち、子供の頃から『商売』に触れ合ってきました。20代後半からは、ある潰れかかった企業をわずか3年で、グループ年商を0から70億まで伸ばした実績もあります。

現在は、『ビジネスモデル塾』という経営者や、経営幹部向けのセミナー事業を主催する会社である、株式会社CARITYの代表を務めており、3年で約500社を超える経営者、幹部の皆様たちと交流を持ってきました。

北海道から沖縄まで多くの会社が参加されており、地元では知らない人がいない、というようなご活躍されている地元密着型の会社もあれば、先代からずっとビジネスを継続しているものの、もっと会社を大きく強くしたいと思っている方、また、まったく何もないところから、新しくビジネスを立ち上げたいという方もいらっしゃいます。ですから年商規模も0から数千億までとさまざまです。

弊社のセミナーに参加されたある会社は、年商4億円が、月商4億円と12倍になったり、またある会社は、数カ月で売上が倍になったりと、成功事例には事欠きません。儲かるビジネスモデルをしっかり認識し、実行することで、会社が飛躍的に成長するからです。

私にとってビジネスはとても面白いものです。ちょっと仕組みを考えれば、儲けることは難しいことではありません。

でも、経営者の方の中には、複雑に考えすぎてしまっていたり、数字に弱かったり、やり方を知らない方が意外にも沢山いらっしゃいます。そして、ほんの少し考え方や、やり方を変えることによって、もっと儲けることができるのに、「もったいない！」という例が多いのです。

そこで、私が考える「儲かるビジネスモデル」の作り方について、もっとわかりやすく伝え、多くの方に知ってもらえたら喜んでいただけるのではないか、また、ビジネスモデルをあまり考えずに起業してしまったり、経営で苦労されている方が少なくなれば……と思ったのがこの本を書こうと思ったきっかけです。

読みやすく、面白く、読んでいただけるよう「ストーリー仕立て」にして、その中に「実際に儲かっている会社の事例」をふんだんに盛り込みました。そのモデルは、私が普段お世話になっている素晴らしい経営者の方々です。


この本を読んでいただくことで「こうすれば儲かる」ということが、おわかりいただけるでしょう。そして、「自分にもできる！」と、脳にスイッチが入ると思います。

また、企業にお勤めのビジネスパーソンが読んでも、世の中の儲けている会社は、いかに優れたビジネスモデルを持っているかがわかるはずです。

「知らず知らずに、あの会社の儲けに貢献していた！」など、きっとその秀逸な儲けのカラクリに驚くことでしょう。

ぜひ、この本で登場するつぶれかかかったカフェの店主、前芝洋介とともに、新しい扉を開けてください。

「儲けることは、簡単」なのですから。

髙井洋子

Contents

第2章

はちみつと宝石。儲かるのはどっち？

第3章

知らず知らずのうちにお客さんがお金を払ってくれる仕組み

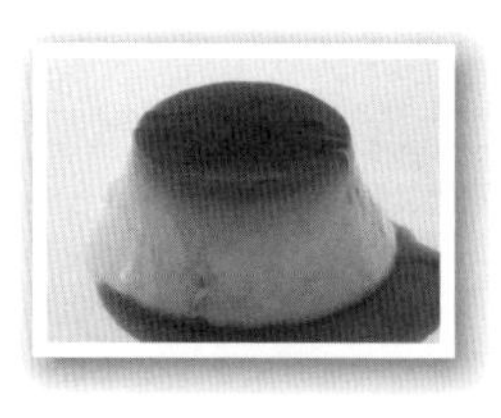

第4章 400円のマグカップで4000万円のモノを売る方法

第5章 お客さんをとことん活用する戦略

第6章　小さな会社が勝つ方法

最終章　「儲けるなんて、簡単よ」

第1章

三重苦のカフェ

1 儲からないカフェ

東京・港区芝。

深夜ともなれば静まりかえるオフィス街の一角に、その店はあった。

店の名前は「カフェ・ボトム」。


前芝洋介がこの店を始めて2年が過ぎた。

2年半ほど前のある日、古い喫茶店が「居抜き」で安く借りられる、というので見に来たのが最初だった。店にほとんど手を入れずに設備類が使えるなら、ありがたい。

最寄りの地下鉄駅の出口から地上に出た途端、洋介の目に飛び込んできたのは「東京タワー」だった。


洋介は、まるで巨人を足元から見上げる子どものように、あごを上げ、口をぽかんと開けて東京タワーを眺めた。

「でけぇな……東京タワー」

北海道の高校を出て、専門学校に進学するために上京してきてから、その時でちょうど10年が過ぎていた。上京したての頃、一度だけ東京タワーの展望台にのぼったことはあったが、こんなふうに日常生活の中に巨大にそびえ立つ姿を間近で見たのは初めてだったかもしれない。

憧れだった「東京」。

そのシンボルともいえる存在。東京タワーを眺めながら毎日を過ごせたら、何か自分が変われるかもしれない。そんな気がした。

この手に、おさめてやる。

そして洋介は、この東京タワーのふもとの町でカフェを始めることを決意した。妻の亜弓も賛成してくれた。専門学校時代からのつきあいだった亜弓には、たくさん心配をかけてきた。学校を卒業してからも決まった職につかずフリーター生活。コンビニ、居酒屋、運送屋、女の子のいる店のフロア係、時給のいいところを転々とした。大きな声では言えないが、知人に声をかけられるままに不動産ブローカーのようなこともしていた。しかし、これがけっこう儲かった。

いわゆる「できちゃった婚」で25歳のときに亜弓と入籍し、娘の果菜が生まれた。羽振りが良いときは調子に乗って遊んだりもしたが、それも長くは続かなかった。

（果菜ももうすぐ小学生になる。そろそろ身を落ち着けて、ちゃんと働こう。）

そう考えていたとき、不動産ブローカーの頃に知り合った業者からこの店の情報を仕入れたのだ。

「カフェ、か。それもいいかもしれないな」

取り立てて飲食店の経営に興味があったかというと、そうでもない。ただ、洋介は「人が好き」だった。フリーターのときも、不動産の仕事のときも、いろいろな人と会って話すのが面白かった。そして、計算しているわけではないのに、ふっと懐に入ってあっという間に仲良くなってしまうような才能が、洋介にはあった。

もうひとつ、洋介には「カレーをつくる」という趣味がある。

趣味というよりも、もはや「研究」に近い。妻の亜弓も大絶賛してくれる、スープカレー。北海道の高校生だった頃からつくり続けている。試行錯誤を重ねて絶妙なブレンドに仕上げ、スパイスを効かせた、さらっとしたスープ。大きな肉や野菜がごろごろと入って、そのスープと調和しているのが特徴だ。今でこそ、スープカレーは北海道の名物みたいに言われているが、

「俺は、流行るより前からつくっている」

と、洋介は自負している。

この自慢のスープカレーを目玉にしたカフェなら、当たるに違いない。

そもそも東京で、スープカレーの店をほとんど見たことがない。若者の街、下北沢に集中して何軒かあるぐらいだろうか。でも、スープカレーは若者だけではなく、幅広い世代の人にもっと受け入れてもらえるはずの食べ物である。そう、こういうオフィス街でも、ランチに出せばきっと流行る……！

洋介は、成功を確信した。そして、そこからの決断と行動はすばやかった。妻の亜弓はパートを辞め、一緒に店を切り盛りすることになった。

心機一転、家族で力をあわせてここでがんばろう。すべてが新しく、希望に満ちた未来がそこに続いているように思えた。

あれから2年。

何をどう間違えて、こうなってしまったのだろう。

午前0時。ダウンライトの薄暗い店内にいるのは、奥のテーブルでコーヒー一杯で1時間半は粘っている男性客一人と、カウンターの中にいる洋介一人。レジの横のすき間にぐしゃっと押し込んだ「請求書」の束に目をやり、洋介はため息をつく。月末の支払いを思うと、また頭が痛い。

こんなにがんばっているのに、どうして儲からないんだろう。

果菜は、元気にしているだろうか。亜弓は、まだ怒っているだろうか……。

亜弓は、半年前に果菜を連れて実家に戻ってしまった。一人になった洋介は、ついに暮らしていたアパートも引き払い、店の奥の部屋で寝泊まりしているような有り様である。

洋介は小さくため息をついた。

2 高家賃、高原価率、低回転率の「三重苦」

あの男性客が帰ったら、今日はもう午前2時の閉店を待たずに店じまいしてしまおうか。いや、でも常連の出版社の編集長が、1時頃ひょっこり一杯やりに顔を出してくれるかもしれないし……やっぱり、もう少しがんばるか。

洋介がそう思ったその瞬間、店のドアが開いた。

いつもの編集長ではなかった。颯爽（さっそう）と入ってきたのは、女性だった。

四十代半ばだろうか、でも若く見える。肩につかないくらいのふわりとしたショートボブ。しなやかな素材のグリーンのワンピースの上に、クリーム色のジャケットを羽織っている。オーストリッチの質の良いトートバックからは、ぶあつい書類がはみ出して見える。そして、黒いキャリーバッグを引いている。

かっこいい女性だな。

それが洋介の第一印象だった。荷物が多いのは、旅行帰りだろうか。

「良かったわ。開いている店があって。ここら辺、この時間どこも開いてないんだもの」

そう言いながら女性は、迷いなくカウンターの真ん中に座った。

「いらっしゃいませ。ご旅行帰りですか？」

洋介がおしぼりを渡し、笑顔を向けると、女性はまっすぐ洋介の目をじっと見つめ、すぐに微笑み返した。

「出張の帰りよ。帰りにオフィスに寄ったら遅くなっちゃった。今日は昼から何も食べてないの。何か食べようかしら」

そう言いながら、女性は店内をぐるりと見回し、また洋介と目を合わせた。

洋介からメニューを受け取ると、真剣な表情で端から端まで目を通している。何をそんなに真剣に見ているのだろう……。

「この店って、前からあった？」

「はい。2年になります」

「そう。気づかなかったわ。引っ越してきて3カ月になるんだけど、いつもは隣の道を通るから」

「お近くなんですか」

「そこのタワーマンションよ。でもこの辺り、遅くまで開いてる店が全然なくて困るのよね」

「そうですね、11時過ぎるともう、ウチぐらいですねえ」

「何時までやってるの？　この店」

「午前2時です」

「朝は？」

「8時です。モーニングで利用される方が多いので」

「2時に閉めて、8時オープン？　いったい、いつ寝てるのよ」

ふふふっと笑う女性に、洋介も合わせるように笑みを返した。

そうなのだ。寝る暇もなく、毎日毎日働いて、それでも……。

「この辺りなら家賃も高いでしょ。それだけでも大変よね。どうしてこの場所に店出したの？」

洋介の心を見透かしたような突然の問いかけに、洋介は一瞬ひるんだ。

どうして、って……。

「まあ、この場所にしては安くいい条件で借りられたんですよ。あとは、東京タワーの近くが気に入って……」

「ひょっとして地方出身？」

「北海道の旭川です。知ってますか？　旭山動物園のある……」

「ああ、それで東京タワーに憧れちゃったんだ」

ズバッと、自分の中にあったこだわりを一言で片付けられてしまった気がして、洋介はなんだかガッカリした。東京タワーに憧れた田舎モン。そうだよ、それが俺だよ、だから何だよ……。

それでも洋介は、ちょっと気を悪くした自分を相手に悟られぬよう、あえてとびっきりの「営業スマイル」で返した。

「まあそんなとこですね」

笑うと、八重歯とえくぼが出る。童顔を隠すためにヒゲを生やしているが、笑うと「かわいい」とよく言われる。

しかし女性は、そんな洋介のスマイルにまったく構わない様子で、今度はメニューを開いて言った。

「メニューもいろいろ種類があるのねえ。オムライスにハンバーグ、パスタもいろいろ、ナポリタン、カルボナーラ、魚介のトマトソース……。えっ？　ピザ？　パンケーキもあるの？　それから、マーボー丼？　親子丼？　五目あんかけうどん⁉　そんなものまで！」

「え、ええ。常連さんの希望聞いてたら、いろいろと増えましてて」

「常連？」

「近くのオフィスの方で、打ち合わせに使っていただいたり、深夜まで仕事して帰りに寄られる方が多いんです」

「……そう」

女性は、メニューから目を離し、奥の席に一人座っている男性客をチラっと見た。

「ご注文はどうなさいますか」

不意に思い出したように、女性が洋介の顔を見る。

「ああそうだったわ。何か食べたいのよね」

「スープカレーが当店の名物ですが……」

そう言うと、女性は目をまるくして、よく通る声で言った。

「カレー⁉ こんな夜中にそんなもの食べたら胃がもたれちゃうわよ！」

思ったことをズバッと言うタイプの人だな。お腹空いてるって言ったのは自分なのに。いつも思うが、女性というのはまったく矛盾したことを平気で言う。

「そうですよね……。あとは軽めのものでしたら……」

そう言って洋介がまたメニューを開こうとする。すると女性は、またきっぱりした口調で言った。

「待って。やっぱりそのカレーいただくわ。だって、すっごくお腹が空いてるんだもの、いいわよね、今日だけは」

ニコッと洋介に笑いかけた。今度は屈託のない、優しい笑顔だった。洋介はなんだか少しホッとした。

「ありがとうございます」

「それにね」

女性は、その笑顔のまま、カウンターごしの洋介にぐっと顔を近づけて、こう言った。

「お店の名物だったら、自信持ってちゃーんとお客さんに勧めなきゃダメよ」

な、なんだよ、急に。

名物ならちゃんと勧めろ、と指摘されたからなのか、急に女性の笑顔が真正面に近づいたせいなのか。一瞬ドキッとしてたじろいだ洋介を、まっすぐ見据えながら、彼の動揺などまったく気づかない様子で、そのままよく通る声で女性は続けた。

「この店、経営かなり厳しいでしょう?」

「えっ?」

あまりのストレートな言葉に、洋介は接客中ということを忘れるほどうろたえた。

なんなんだろう、この女性。

なんでさっきから、店の中をじろじろ見たり、メニューをくまなく読んだり……。

それでも洋介は、うろたえている自分を見せまいと必死に取り繕った。

「まあ、けっこう家賃高いっすからね」

へらへらと笑って話題をごまかそうとしたが、女性には通じなかった。

「確かに、それもあるけど。あと、このメニューも問題よね」

「メニューですか?」

「こんなに品数増やしちゃったら、たまにしか出ないメニューのために仕入れて結局無駄になって捨てる食材も相当あるんじゃないの？　そういうの、『在庫ロス』っていうんだけど。たぶん原価率50パーセントぐらいになってるんじゃないかしら。そもそもあなた、原価率ちゃんと計算してる？」

「原価率って、値段の中に含まれる食材の仕入れ価格の割合ですよね？」

「そうよ。通常の飲食店の原価率はだいたい30パーセント前後ね。ものすごく簡単にいうと、売上から原価を引いた金額が『粗利』になるでしょう？　そして粗利から家賃などの経費を引いた額が『利益』、つまり『儲け』になる。**儲けるためには、売上を上げるか、原価や経費を抑えるというのが基本的な考え方**よ」

「ああ、でも、僕、原価率を低くして儲けるとか、そういう考え方あんまり好きじゃないんですよね。だって、お客さんのためにならないじゃないですか」

初めてささやかな抵抗をしてみたつもりの洋介だったが、それに対して、女性は逆に優しい口調で、かみくだくように言った。

「あのね、原価率が高いことが悪いっていうわけではないのよ。**原価率が高くても、そこにちゃんと戦略があるなら全然問題ないわ**」

「戦略？　ですか？」

「そうよ。それに、もっと言えば、別に家賃が高いことも悪いわけではないのよ。いい立地に店を出して繁盛させている店なんてたくさんあるでしょう？」

「確かに……」

「高い家賃、高い原価率でも儲けることができる仕組みがあれば全然問題ないのよ。だけど、このお店はそれができていない。見ればわかるわ」

「どういうことですか？」

「この立地の家賃と、このメニューの原価率で利益を上げようと思ったら『回転率』を上げることが重要でしょ？」

「回転率……？」

「お客さんが店に入って出て行くまでを1回転と考えるの。店内の席数が50だとしてその夜のお客さんが全部で50人なら1回転、ランチで100人来たら2回転、という数え方よ」

女性はチラッと奥の常連客を見た。

「常連さんってコーヒー一杯で長居するのよねえ。席をなかなかどいてくれないから、お客さんが入れなくて回転率が下がる。ランチ時はせめて2回転させたいけど、食後のコーヒーで1時間居座られたら、満席になっても1回転が限度よね。

夜だって、たった一人の客だけのために午前2時まで店を開けてたら、それだけで光熱費だって馬鹿にならない。常連っていっても、今のお店にとってはあまり良いお客さんとはいえないわね」

「は、はあ……」

ちょ、ちょっと！

あきらかに、奥に座っている常連さんに聞こえてるよ！

「それをカバーしようとして、朝早くから深夜までがんばって営業してるんでしょうけど……。このままじゃ、**高家賃、高原価率、低回転率、の『三重苦』ね**」

三重苦。

洋介の胸にグサッとその言葉が突き刺さった。

しばらく立ち直れそうにない……と肩を落とす洋介に対して、女性は、明るい口調で話を続ける。

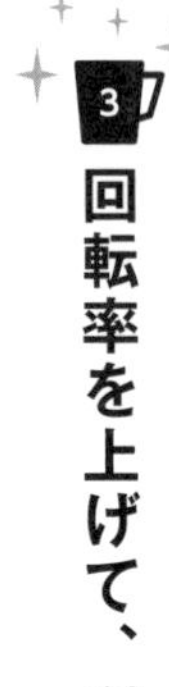

回転率を上げて、利益を上げる

「たとえばね。数年前から急成長している『俺のフレンチ』って知ってる？」

「ええ……名前だけは……」

「流行ってる店はちゃんとチェックしたほうがいいわよ、勉強になるから」

そりゃ行きたいのはやまやまだけど、フランス料理を優雅に食べに行ってる暇はないんだよな……。

「『俺のフレンチ』の原価率は、だいたい60～80パーセントもあるの。そして88パーセントでも赤字にならない」

「えっ、さっき原価率は30パーセントが普通って言ってましたよね。それって、めちゃめちゃ高いじゃないですか！」

洋介は思わず身を乗り出す。

「『俺のフレンチ』はね、一流シェフに高い食材で美味しいものをつくらせているのがウリなのよ。だから原価率はとても高い。そして、銀座や青山など家賃の高いところにばかり出店しているわ」

「それじゃ、利益はそんなに出ないってことですよね」

「ひと皿あたりの単価ではそうよ。でも考えてみて。売上とは、

［売上＝単価×個数］

でしょ。ひと皿あたりの利益は少なくても、個数を増やせばいいの。

［売上（増）＝単価（安）×個数（多）］

いわゆる「薄利多売」ね。でも普通フレンチで薄利多売なんてできるわけがない、というのがこれまでの常識だった。ところが『俺のフレンチ』は、なんと、立ち食いのフランス料理店なのよ」

「立ち食い？　フレンチをですか？」

「そうよ、フォアグラのステーキや、オマール海老のロースト、普通のフレンチのコースで1万円以上はしそうな料理が、ひと皿千円前後で立ち食いで食べられるの」

「へえ！　それはすごいな！」

ただただ驚いている洋介の様子に気を良くしたのか、女性はさらに身を乗り出すように言った。

「もっとすごいのは『回転率』を上げるための戦略よ。ひと皿あたりの利益は少なくても回転率で利益を上げているの」

「はあ……」

どうすごいのか、まだ洋介にはピンとこない。

「私も一度行ってみたんだけどね、ものすごい行列なのよ」

「そりゃあ、そんなに安かったら、フランス料理店にめったに行けない人が押し寄せるでしょうねえ」

「それもそうだけど、実は『わざと行列ができるようにしてある』のよ」

「わざと？」

「そう。まず店が小箱……、あ、小さくて狭いお店っていう意味ね。小箱だとそもそも収容できるお客さんの人数が少ないから、すぐ行列ができるわ。でも『俺のフレンチ』はそれほど長時間並ばなくても入れるのよ。なぜなら、お客さんがすぐ出て行くから」

「すぐ出て行く？」

「まず、店に入ってから食事の時間制限は1時間50分。それを過ぎると追い出されるの。でも、そこまで長居するお客さんはほとんどいない。立ち食いだからよ。私が行ったときも、お店に入る前に40分ぐらい並んでいたから、もう足がだるくてだるくて。しかも店の中でも立ったままでしょう？　だからパッと一気に注文して食べて飲んで、すぐお店を出たわ。

これの意味するところがわかる？」

「えっ……？」

「『俺のフレンチ』の回転率は、実に一晩で４回転を超えるの。つまり、開店から閉店までの間に、全部の席でお客さんが４回も入れ替わるってことよ。こんな店は他のどこにもないでしょ」

それはすごいな。４回転か。確かに、うちの店の回転率なんて考えたこともなかったけど……。考えるのが怖い。

「つまり、**原価が高くて、ひと品あたりの利益は低い場合でも、回転率を上げて薄利多売できるような戦略があるならば、それで利益が上がるから問題ないの。**でも、ここのお店の場合、趣味で品数増やしちゃってるようなもので、実際にはお客さんはコーヒーで長居するだけ。お客さんのニーズに応えるのは良いけど、これじゃ方向性が間違ってるわ」

なんだって……？

「こうなっちゃうと飲食店は……もって2年てとこね。利益に対して支払いがどんどん追いつかなくなる。飲食店の廃業率って知ってる？　2年以内に50パーセントが潰れるのよ。さらに3年以内に70パーセントがなくなる。10年もってる飲食店はたった10パーセントしかないのよ、90パーセントは潰れちゃう。厳しいわよね」

2年で半分、10年で90パーセントが潰れる……。

「この店も、そろそろ本当に回らなくなってきてる頃じゃない？　このままじゃ借金がふくれあがる一方よね。近々、どこかの時点であきらめて店を閉めなきゃならないって思ってない？　お金もそうだけど、精神的にももう限界に近づいてるわよね……」

もう、本当になんなんだ。この人は。

なんでいきなり、そんなことがわかるんだ。っていうか、なんでいきなり、そんなこと言われてしまってるんだ、俺。
そして、女性はこう言った。
「儲けるなんて、簡単なのに」

え？

今、なんて言った？

儲けるなんて、簡単だって？

得意の営業スマイルさえ忘れて呆気にとられたその時、店の奥に座っていた男性客が立ち上がった。
「すいません、おあいそ」
「あ、ありがとうございます！」

洋介はハッと我に返って、急いでカウンターを出て男性客のテーブルへレシートを出しに行く。

「悪かったね、コーヒー一杯で長居して」

男性客が嫌みたっぷりに苦笑いしながら、女性に聞こえるように言う。

すると女性は、カウンターからゆっくりと振り返って、男性と洋介に向かってちょこんと会釈をしながら、ニッコリ微笑んだ。

お腹が空いたからスープカレーが食べたい、と言った、さっきの表情と同じだ。

屈託のない、優しい笑顔だった。

遠山桜子のひとこと解説

企業の利益構造はこうなっている！

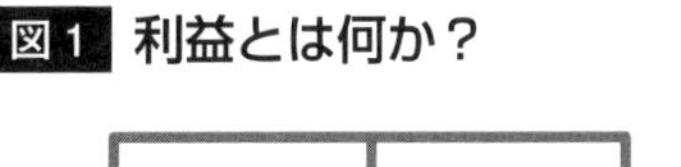

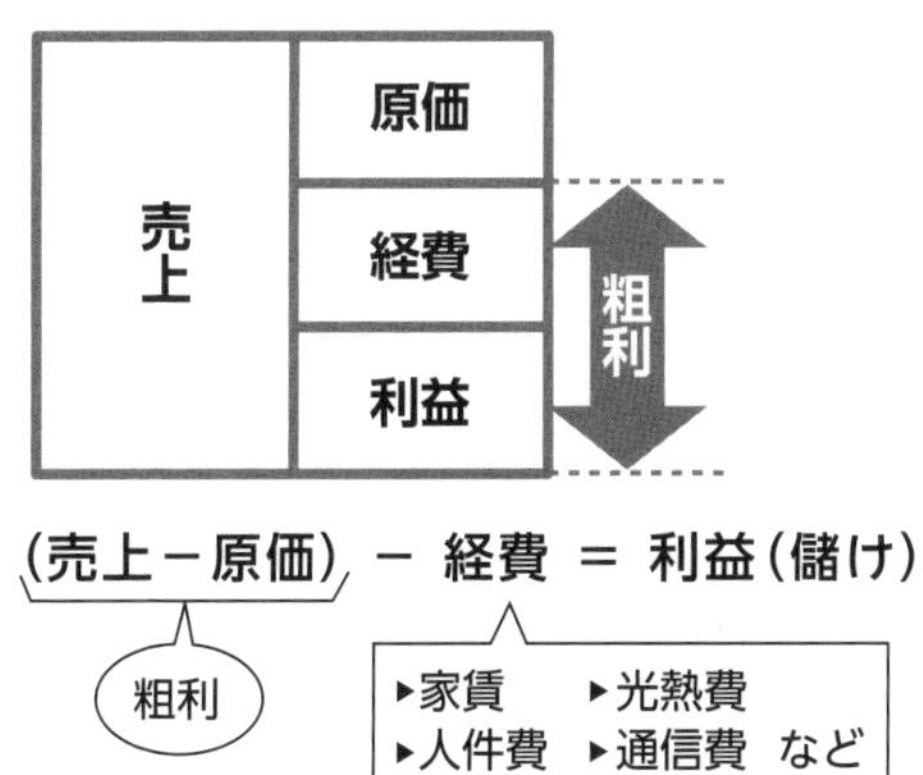

これは、どんな業種や業態でも共通する基本的な「利益」の考え方です。「売上」から「原価」を引いたものを「粗利（あらり）」といいます。この「粗利」から、家賃や人件費、光熱費、通信費など会社を維持するための「経費」を引いた額が「利益」となります。

企業が利益を上げるためには、

・売上を上げるか
・原価を下げるか

・経費を下げるか

が大切であると考えられてきました。

しかし、近年とくに飲食業界で注目されているのが、

「回転率」

という指標です。原価や経費が高いということは、当然一人の客あたりの利益は小さくなります。しかし、回転率が高ければ、高い売上を上げることができるのです。

低価格化が進む業界では、利益を確保するために原価や経費を抑えることに一生懸命になりがちですが、回転率を上げて利益を出す、という視点を持つことで、新しい利益の上げかたに成功している企業が出てきているのです。

回転率が高ければ、利益は出る

話題の「俺のフレンチ」では、従来の飲食店の「原価率30パーセント前後」

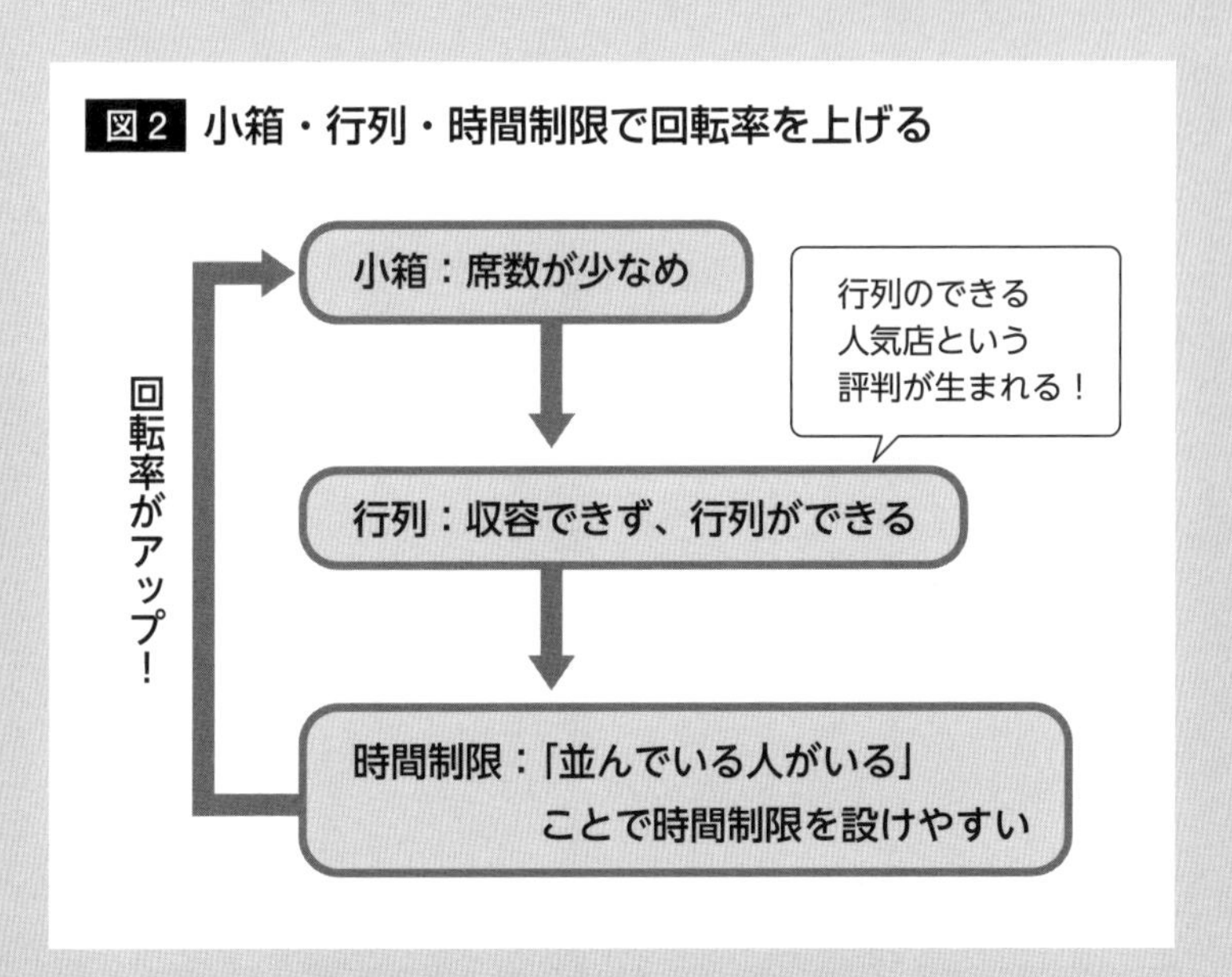

という常識を打ち破ったうえに、一流シェフを雇い、都心の一等地に出店しています。それでもこんなに急成長している理由は「驚異の回転率」をつくり出す戦略によって、高い売上を上げることに成功したからです。

常識にとらわれない発想で、新しい売上拡大の仕組みをつくり上げた、それが「俺のフレンチ」のすごさなのです。

図3 回転率が高ければ、原価率が高くても利益は出せる

形式	座数	回転数	客単価	売上	経常利益	フード・ドリンク平均原価率	損益分岐点フード原価率
座り	22	2.5	3,000	3,960,000	102,716	20%	24%
立ち	50	1.0	3,000	3,600,000	-1,879,023	45%	0%未満
	50	2.0	3,000	7,200,000	-176,400	45%	50%
	50	3.0	3,000	10,800,000	1,171,532	45%	76%
	50	4.0	3,000	14,400,000	2,434,775	45%	88%

座り形式の前提：フード原価率 20%、ドリンク原価率 20%、客単価 3,000 円
立ち形式の前提：フード原価率 55%、ドリンク原価率 35%、客単価 3,000 円

4 回転すれば
原価率 88%でも
利益は出せる

（出典：『俺のイタリアン、俺のフレンチ』坂本孝著、商業界より改変）

第2章

はちみつと宝石。儲かるのはどっち？

1 儲けるためにはビジネスモデルが必要

遠山桜子は「カフェ・ボトム」のスープカレーが気に入っていた。

まったくこの辺りときたら、夜11時を過ぎるとどこも空いている店がない。空港からタクシーで芝公園インターチェンジまで20分、出張の多い桜子にとってはこの抜群の立地が気に入って、インター近くにオフィスを構え、近くの高級タワーマンションの賃貸契約をした。

しかし、仕事場はともかく、「暮らす」という面では少々不便な街だった。少なくとも早朝から深夜まで縦横無尽に駆け回る桜子にとっては。

初めて「カフェ・ボトム」を訪れたあの夜も、出張帰りにオフィスへ寄っていたら、すっかり遅くなってしまったからだ。食事のタイミングがなくて昼から何も食べていない。麻布に出るのも面倒だし……そう思っていたとき、いつもは通らない路地にふと目をやると、一軒灯りがともっているのに気がついた。

「こんなところにカフェがあったなんて」

およそ、桜子がふだん立ち寄るような店ではない。おそらく昔ながらの喫茶店だったところを居抜きで借りたのだろう。ドアや路面の窓に、純喫茶の名残りがある。

何か食べられるなら、と思って入ってみたものの、店はダウンライトのみで薄暗い。取り立てて特徴のないテーブルと椅子、取り立てて特徴のない壁、取り立てて特徴のないカウンター、まだ若いのにちょっと疲れた感じのマスター。

しかし、ここのスープカレーは絶品だった。正直びっくりした。午前0時を回っていたのにうっかり全部平らげてしまったほどだ。それなのに、翌朝まったく胃にもたれない。むしろ、スパイスの効果か、むくみもなくスッキリした気すらした。

あのスープカレーは、マスターが研究を重ねてつくっていると言っていた。

よく見ると、笑うと八重歯とえくぼがちょっとかわいい青年だった。青年といっても、30歳ぐらいだろうか。

（ヒゲなんか生やしてるけど、あれは童顔を隠すためね）

桜子は彼の顔を思い出した。店はあの様子では苦しいに違いない。おそらく長くは続かないだろう。

もったいないな。あのスープカレーを武器にすれば……。

「儲けるなんて、簡単なのに」

オフィスのデスクで仕事の手を止め、ついそう口に出してしまった桜子のつぶやきを、隣にいた社員の河田勇人が聞いていた。

「桜子さん、ついに独り言ですか、その口癖」

「えっ？」

「儲けるなんて簡単だ、って」

「え、ああ。ちょっとね。もったいないカフェがあって」

河田がニヤッと笑う。

「またそれですか？　桜子さん、ほんとに仕事以外のときでも、儲かるビジネスモデルのことで頭がいっぱいなんだから」

「そりゃ、そうよ。世の中なんでこんなに何にも考えないで経営してる人が多いのかしらね」


本当に、と桜子は思う。

桜子は今、経営コンサルティング会社を経営している。少数精鋭の小さな会社だが、桜子が指導に入る企業はことごとく急成長して業界ナンバーワンに躍り出る。売上が10倍、１００倍になることも少なくはなく、全国からの引き合いが途切れることはない。いわば「儲けさせるプロ」だ。

窓辺に立つと見えるのは、都心のビル群。今視界に入っているこの景色の中だけでも、どれだけの会社が生まれ、そして、消えていることだろう。

夢やロマンだけを追いかけて一旗あげてやろう、だなんて言って、多額の資金を投入したり借金してやみくもに事業を始めるなんて、自分なら怖くて絶対にできない。儲けるには、儲かる「仕組み」、つまりビジネスモデルが必要なのだ。そして、その「仕組み」さえわかれば、儲けるのはそんなに難しいことではない、と桜子は思っている。

「桜子さんの決めゼリフ。『儲けるなんて簡単よ！』って、なんだか『月にかわってお仕置きよ！』みたいだなあ」

「何よ、それ」

「あ、でも、あれか。遠山桜子だけに『桜吹雪はちゃあんとお見通しなんでい！』こっちかなあ」

「河田、バカなこと言ってないの。明日の大分出張の準備はできたの？」

「バッチリですよ、任せてください」

河田はまたニヤッと自信ありげに笑った。

「夕方のセミナーに黒崎社長をお呼びしています。懇親会のときに横の席セッティングしておきますね。それから、翌日の村上社長との面談は、もう契約書の内容まで詰めてありますから、あとは桜子さんから社長に直接『一緒にがんばりましょう！』と言ってくれたら、そのまま契約書に捺印してもらって帰ってこれます」

河田はよくできる。ひょうひょうとしているように見えて、実は緻密で、詰め将棋のような営業スタイル。ひとつの案件を決めるのに、キーマンの心をつかんで外堀をガッチリ埋め、着実に数字を上げる。桜子の右腕だ。

「桜子さん、お昼一緒に行きます？　僕たち、蕎麦屋に行きますけど」

「お蕎麦かあ……」

あのスープカレーのことを思い出したら、なんだか口の中がスープカレーになってしまっていた。

「私、ちょっと別で行くわ」

「わかりました。じゃ、午後2時からメディカルトレンドさん来社なんで、それまでに帰ってきてくださいね」

「了解」

カーディガンを羽織り、財布だけを持ってビルの外に出る。

昼時の街は、オフィスビルから人々が一斉に外へあふれ、コンビニや弁当屋に列をつくる。お父さんたちはチェーン店の牛丼屋や定食屋で、15分ほどで食事を済ませて出てくる。どんどん並ぶが、どんどん回転する。3・5回転、いや、4回転はしているだろうか。

最近ではビジネスマンがランチ一食にかける金額は、ワンコインどころか400円を切っているという。低コスト、低価格、高回転率を競って利益を上げられるのは、スケールメリットで勝負できる大手ぐらいのものだ。

「なんでまた、こんな所に店を出したのかしらね」

気がつくと、また「カフェ・ボトム」のことを考えていた自分が、桜子はちょっとおかしくなった。

そんなにあのスープカレーが気に入ってるのかしらね、私。

2 飲食店の原価率は30％前後

「カフェ・ボトム」のドアを開けると、最初の夜とは違い、ランチ客で賑わっていた。４人がけのテーブルが４つ、カウンターが６席あるフロアを、たった一人で慌ただしく皿を運ぶ洋介が振り返った。

「いらっしゃいませ！　あ、ようこそいらっしゃいました」

桜子は、空いていたカウンター席へまた座った。

カウンターへ戻ってきた洋介が、桜子に笑顔を向ける。

「また来てくださったんですね」

「あのカレーがね、また食べたくなって」

桜子が言うと、洋介はうれしそうに言った。

「ありがとうございます。今日のランチは、海老スープカレーか、骨付きチキンカレーの2種類です。どちらがよろしいですか？」

「じゃ、海老でお願い」

「かしこまりました」


洋介は、ランチ時の店を一人で切り盛りしていた。桜子はカウンターからその様子を眺める。小鍋に一人分の海老スープカレーを取り、仕上げ調理をすると、皿に盛りつけてライスと一緒に桜子の前へ置いた。それから、帰る客の会計でレジを打ち、その足で食器を下げ、今度は別の客のコーヒーを入れてまた運ぶ。それが何度か繰り返され、午後1時も過ぎると、客はまたほとんどいなくなった。

カフェに静けさが戻り、有線のボサノバがようやく聴き取れるようになった。桜子は食後のコーヒーを飲み、洋介はカウンターの中でたまった食器を洗い始めた。

「やっぱり、美味しいわ。ここのスープカレー。それからコーヒーも」

「自家焙煎の老舗から豆を仕入れてるんです」

「うん、美味しい。なのにランチ９００円って、安すぎるわよ」

「そうなんですけどね。今どきランチで１０００円超えちゃうと、お客さん来てくれなくなっちゃうんですよ」

桜子はため息をつくように言った。

「問題はそこよねえ。美味しさを追求するのはいいけど、原価率ばっかり上がっちゃって、それじゃ全然儲からないじゃない。やっぱり、普通にやっているなら原価を30％ぐらいに抑えないと、飲食店は儲けられないわよ」

桜子のその一言に、洋介は急に食器を洗う手を止め、エプロンでごしごし濡れた手をふくと、名刺を差し出してこう言った。

「あの、僕、前芝洋介といいます！　この前、お客様がおっしゃっていた『儲けるなんて簡単だ』っていう話、僕に教えていただけませんか？　僕の店も、儲かるようになれますか⁉」

気をつけ、の姿勢で、勢いよく一息でそう言い切った洋介に、桜子は面食らった。

だが、まっすぐ桜子を見つめるその目は、本気だった。真剣に、本気で、成功をつかみとろうと決意したときの、経営者の目……。

だが、桜子が洋介の突然の勢いに目を丸くしていると、洋介の表情はすぐにくしゃっとした笑顔に変わり、ごまかすように言った。

「ハハハ。すみません。お客さんがこの前あんなこと言うから、僕、気になっちゃってたんですよ。次にお会いしたら絶対聞いてみようと思ってたんですけどね。なんか、すみません」

一瞬でまた、街角のしがない店のしがないマスターに戻ってしまった洋介を、桜子はまじまじと見つめた。沈黙をかき消すかのように、ザーザー水を流しながら、黙って食器を洗い始めている。

図4 カフェ・ボトムの原価率は51.1%も!!

原価率とは……

原価率（%）＝売上原価 ÷ 売上高 ×100

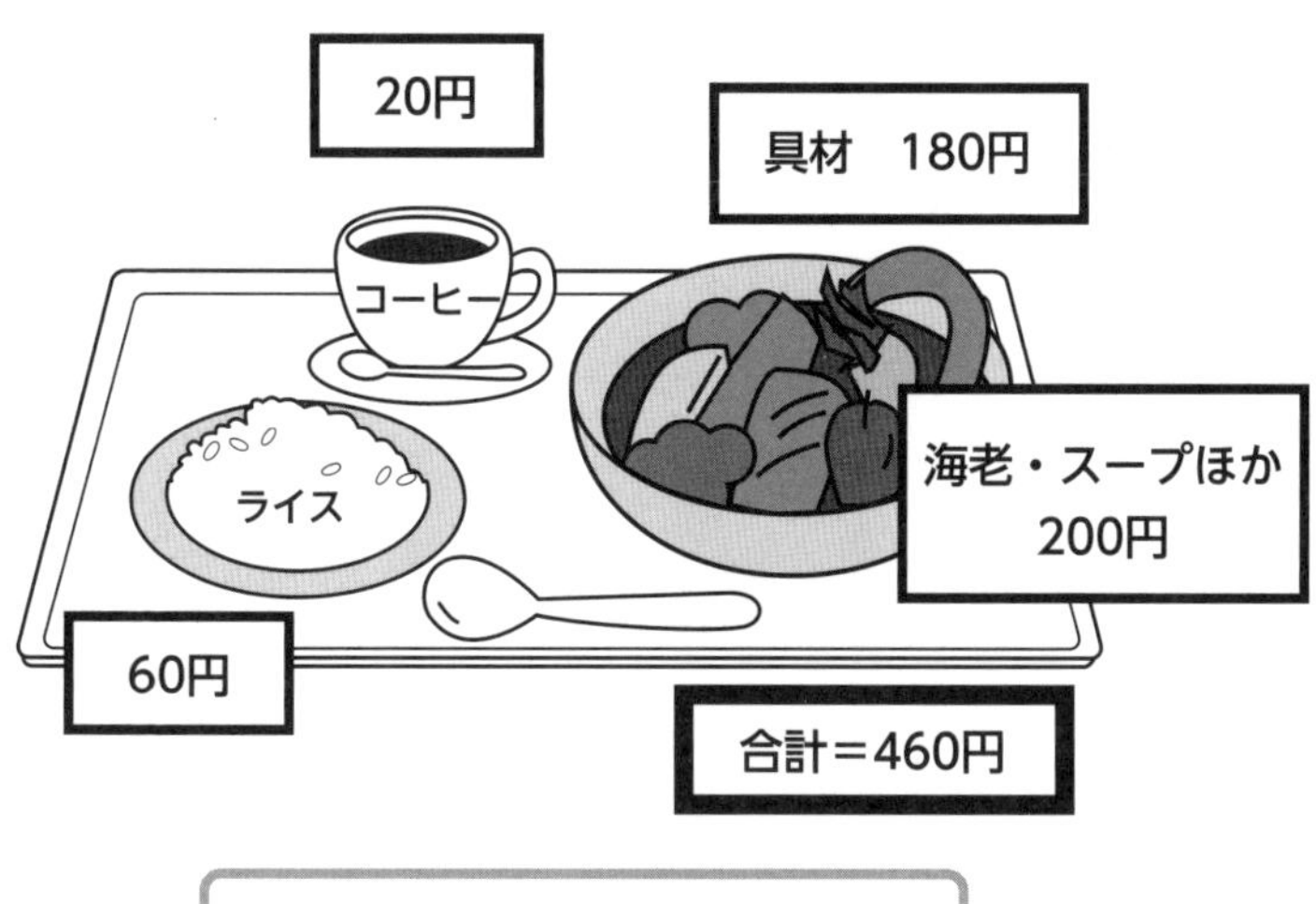

ランチ：900円

460÷900×100＝51.1%

きっと善良な青年なのだ。

北海道から出てきて、なんとなく東京タワーの見える場所に店を出して、美味しいカレーをつくって、美味しいコーヒーを出して、お客さんに喜んでもらえればすべてはうまくいくと考えていたのだろう。でも全然儲からなくて。どうしたら良いかわからずに、ただ長時間一人で店を切り盛りして、それでも毎月の支払いに追われ、生活も本当はかなり苦しいだろう。家族はいるのだろうか。


人間、良いと信じてやってきたことが裏目に出続けると、自信をなくしてしまう。過去のうまくいかなかった経験に操られると、奮い立つことができなくなってしまうのだ。

洋介の取り繕うような表情に、桜子は胸がきゅっと締め付けられるような思いがして、言葉が口をついて出てきた。

「自分はすごいヤツ、できるヤツ、って、思わなきゃ！」

驚いて桜子を見つめる洋介。桜子も自分が発した言葉に自分で驚いた。なぜ、二度しか訪れたことのない、しかもまったく儲かっていないカフェのマスターに自分がそんなことを言っているのか、よくわからない。それでも桜子の言葉は続いた。

「まず、心からそう思うことよ。自分にはやれる、簡単だって。でもね、それはただ信じれば道は開ける、という精神論じゃない。仕組みをつくらなきゃ」

「仕組み？」

「そう。儲かっている店には、ちゃんと儲かる仕組みがあるのよ」

どうやら、何らかの「おせっかいスイッチ」が入ってしまったようだ、と桜子は思った。

桜子は、生まれも育ちも東京の下町だ。その下町気質がついついおせっかいを焼いてしまうのだろうか。それとも洋介の自信なさげな八重歯とえくぼのヒゲ面の笑顔に、情がわいてしまったのだろうか。いやいや、あの絶品スープカレーが食べられる、この近辺で唯一の深夜営業店をみすみす潰れさせてしまうには惜しいと考えたのか……。

なんだかわからないけれど、とにかく（がんばってほしい）という気持ちがわいてくる。こうなると桜子は止まらなかった。

「たとえばね」

「私がお世話になっている社長が、以前テレビショッピングで磁気ネックレスを売っていたときの話よ」

3 はちみつ屋が宝石店よりも儲かるのはなぜか

桜子の話は実に面白かった。洋介は、洗い物の手を止め、話に聞き入った。

「その社長、岡之上さんっていうんだけどね、もともとは、宝石を売っていた人なの。バブルの時代には、TVショッピングでも、サファイヤの指輪が49万8000円、エメラルド2カラットのブローチが29万8000円、そういう高額な商品が飛ぶように売れていたんですって」

「すごいですね。バブルかあ……。経験してみたかったです、そんな時代」

「そうよね、知らない世代の人には想像もつかないわよね。当時は普通のOLでも、高い宝石やブランドバッグはたくさん持ってた時代だったのよ。

でも、バブルがはじけてからは宝石はまったく売れなくなって、岡之上社長の会社も毎月毎月どんどん売上が下がっていったそうよ。

そこで、岡之上社長は、

『もう、綺麗さやかわいらしさで高い宝石が売れる時代ではない。これからは**【問題解決できる商品】にチャンスがある！**』

と考えた」

「問題解決、ですか？」

「そう。デザインの美しさではなく、それを使うと健康になるとか、何か困っていたことが解消されるとか、そういうことよ。これはアイディアの出し方の大きなヒントのひとつね」

「なるほど……」

「そこで、岡之上社長は『磁気ネックレス』をTVショッピングで売り出したの。価格は1万円。宝石じゃなくメッキに磁石が入ってるのよ。そうしたら、反応が100倍になったんですって」

「100倍⁉」

「これまで30万円の宝石が1個売れていたのに対して、1万円のネックレスが100個売れたってことよ。売上は大幅増よね。当時、岡之上社長がテレビに出ると、注文の電話が鳴り止まない状況だったそうよ。実際かなり儲かってたんですって」

「へえー、そんな人気だとは、それはすごい話ですね！」

「でも、これで驚いちゃ駄目よ。すごいのはそれだけじゃないの。それでね、同じ番組枠で、はちみつを売ってた会社があったの」

「はちみつ、ですか」

「そう、１個980円の国産はちみつを3個セットで2000円！　お得です！　って売ってたの。それを見て、岡之上社長は思ったんだって。『あんな安いものいくら売ったって儲からないだろうに』通販の中でも特にTVショッピングは、商品を出すだけでも相当高いお金がかかるのに、『あいつバカじゃないのか？』って、内心笑っていたそうなの」

「確かに、2000円と1万円じゃ、けっこう違いますよね」

「でもね、そのはちみつ屋の社長が、会うたびになんだか羽振りが良くなっていくんですって。それまでは全然しゃれっ気のない、いかにも零細企業の社長って感じだったのに、突然高いスーツを着るようになったり、国産車から外車に乗り換えたり、高級時計をするようになったり。

岡之上社長はそういうところ目ざとい人だから、『どうもおかしい。あいつ、そんなに儲かっているのか？』って気になって仕方なくなったらしいの。そして、その社長と親しくなって『一度遊びに行かせてもらっていい？』って頼んだんですって。そしてある日、そのはちみつ屋の会社を訪問したの。そしたら……」

「そしたら？」

洋介は身を乗り出して聞いた。

「その会社はなんと、はちみつを買ったお客さんに、高単価なローヤルゼリーとプロポリスを売っていたのよ」

「ローヤルゼリーとプロポリス？」

「そうよ。ローヤルゼリーは1カ月分で6800円。プロポリスは1万5000円。つまり、はちみつは通販の入口、「おとり」に過ぎなかったのね。3個で2000円のはちみつを買ってもらって、まずお客さんとの繋がりをつくり、そこから本命の高額商品であるローヤルゼリーとプロポリスをずっと買い続けてもらうのが本当の狙いだったのよ」

「ずっと買い続けてもらう……」

「そう！　はちみつ屋のビジネスモデルは、実はものすごい高収益だったのよ。ローヤルゼリーやプロポリスは1回きりじゃなく、継続的に買って摂取し続けるものじゃない？　**だから年間で計算すると、一人のお客さんがそのはちみつ屋から購入している金額は10万円を軽く超えるわ。**それは岡之上社長の1万円の磁気ネックレスより、ずっと高い金額だったのよ」

「すごい……」

「そこで岡之上社長は気づいたんですって。『そうか！　磁気ネックレスを10個買う人なんていないんだ！』」

「そんなにつけたら、よけい肩凝っちゃいますもんね」

洋介が言うと、桜子は声をあげて笑った。

「あははは！　そうよねえ！　うまいわ、洋介くん」

おかわりのアイスコーヒーを飲み干すと、桜子は言った。

「岡之上社長は、その後すぐ、宝石販売業をやめて、健康食品を製造する会社をつくったのよ。主に青汁をつくっているらしいんだけど」

「えっ、そんなに急に？」

「ちょうど磁気ネックレスの自社製造工場をつくろうと準備していたそうなんだけど、それを急きょ青汁の工場に、建設計画を切り替えたんですって。その

図5 継続の仕組みをつくる

磁気ネックレス 1万円

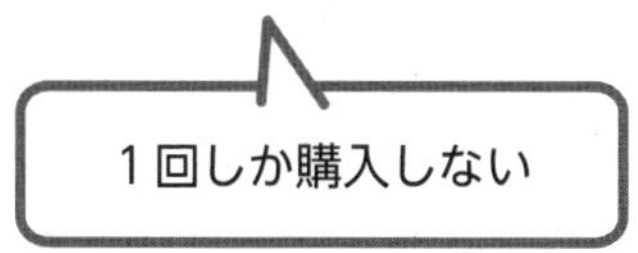

おとり

継続的に購入される商品

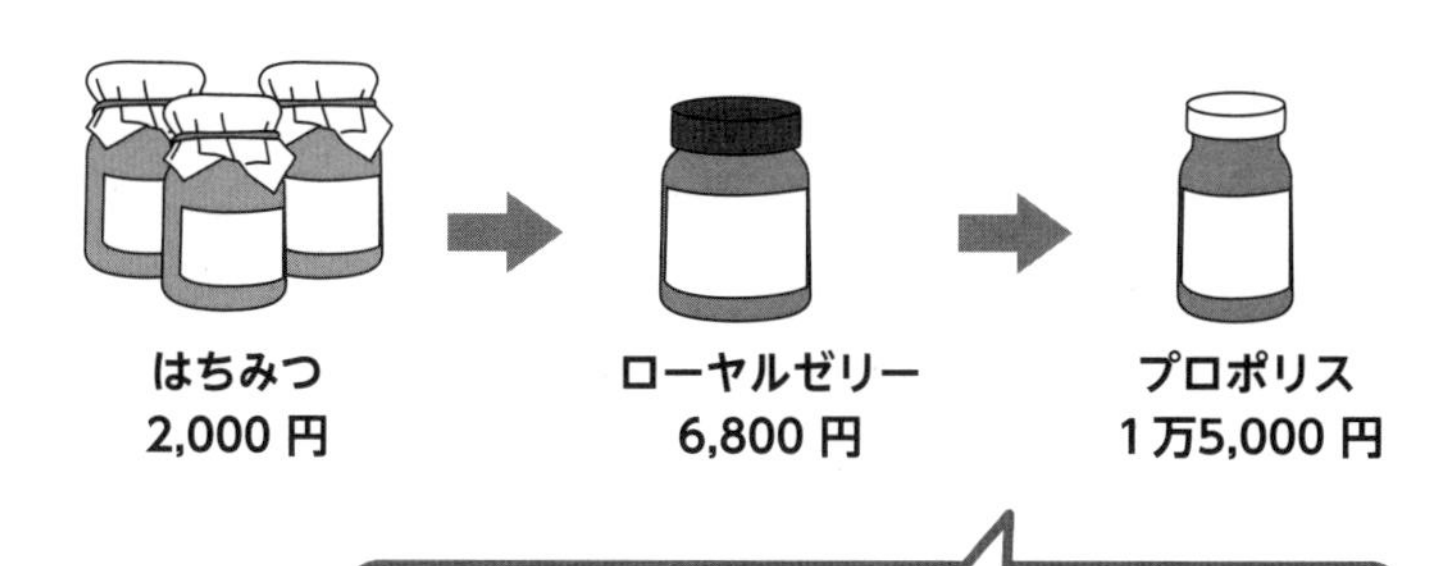

▶継続的に摂取される

▶消費してしまうため、再度購入が必要

ズバッと切り替える判断力と決断力が、私が岡之上社長をすごいと思うところね。儲かるところに自分が動いていくっていうのは、大事なことよ。

それに、健康食品の製造業っていうのはね、ある商品を開発して売りたい会社と一緒にオリジナルを開発して、その製造を請け負うの。だから、いくらでもバリエーションがつくれるし、しかも一度きりじゃなくずっと継続してつくり続けることができるのよね。

今、岡之上社長の会社は大成功しているわ。世の中に出回ってる青汁商品の3分の1は、岡之上社長の会社が製造しているのよ」

青汁の3分の1って……。いったいどれだけ儲かるんだろうか。そんなことは今の自分には遠い世界の話だった。この女性はきっと、バリバリ働いて、いつもこんな輝かしい世界にいるのだろう。

洋介にはそれが眩しくも羨ましくもあり、別次元のような気持ちで聞いてしまっている自分が、なんとも情けなかった。

「なかなかできることじゃないですね」

「そうでもないわよ」

桜子がズバッと切り返したので、洋介は驚いた。

「えっ？」

「さっきも言ったでしょ？ 自分はできるって、アタマを切り替えてごらんなさいよ。自分の脳にいい質問をするの」

「脳に？ 質問？」

「脳っていうのは、問いかけに答えるようにできているのよ」

「脳が答える……？」

「そうよ。悩んでいても答えは出ないわ。考えて、問いかけるの。もしこの店を儲かる店に変えるとしたら、あなたならどうする？ 何ができる？」

「僕ですか……?」

「そう。自分の脳に問いかけてみて」

「脳に……」

「『はちみつと宝石、どっちが儲かる?』と聞かれたらイメージでなんとなく、宝石のほうが儲かりそうと思っちゃうわよね。でも、**儲ける仕組みはどっちが優れていたか。**この場合、はちみつ屋の戦略の圧勝よ。なぜなら、継続して商品を買い続けてもらう仕組みがちゃんとできていたから。

儲かるところには必ず、儲かる仕組みがあるの。それには、過去の常識や先入観を捨てて物事を見ること。

洋介くんもその仕組みを見つけたら、必ず変われるわ」

必ず変われる。

「あきらめないで、自分には無理だなんて思わないで、考え続けるの。人はどれだけ悩んでも答えは出せないけど、ちゃんと考えた人には必ず答えは出るから。脳にいい問いかけをし続けていれば、脳はちゃんと答えを出そうとするのよ」

桜子にそう言われて、洋介は、視界がぱあっと開けるような感覚におそわれた。久しぶりの明るい感覚だった。

俺も、変われるだろうか？

俺にも、答えが出せるだろうか。

ちゃんと、考えたら、答えは必ず出る……。

じゃあ、俺はどうしたら。

そう聞きかけたとき、桜子の携帯が鳴った。

「はい。あ、メディカルトレンドさんもう来られた？　10分前か。ごめんごめん、急いで戻るわ」

桜子は椅子から立ち上がり、財布から札を出しながら、

「今度来るときまでの宿題。考えておいてね。ヒントは『継続』。あなたなら、どうやってお客さんから継続して買ってもらえる仕組みをつくるか」

そう言って、ニコッと笑った。またあの顔だ。驚かせといて、最後に見せる、屈託のない優しい笑顔。

「あの、お客様。お名前、教えていただいてよろしいですか」

「私？　桜子、遠山桜子。じゃあ、また来るわね。ごちそうさま！」

桜子が、颯爽とドアを開けた瞬間、外からの風が勢いよく店内に吹き込んだ。

そのまま強い風の中へと足早に去っていく桜子の背中に、洋介はいつもより大きな声をかけた。

「ありがとうございました！」

桜子が振り返って、風に揺れる髪を片手で押さえながら、もう片方の手を振っている。口元が、

「がんばって」

と言っているようだった。

再び前を向いて桜子は向かい風の中を歩き始めた。その背中を見送る洋介もまた、心の中に新しい風が吹き込むのを感じていた。

遠山桜子のひとこと解説

儲かるビジネスモデルとは

世の中には「儲かるビジネスモデル」があります。

一生懸命がんばっているのに、なぜあまり儲からないんだろう。あなたがもし会社を経営していて、今そう思っているならば、もしかしたら自社のビジネスモデルがそもそも儲かる仕組みになっていないのかもしれません。

この本に登場する洋介くんのお店のような状態に、あなたの会社はなっていませんか？

洋介くんは原価率の計算をしました。食材にこだわってお金をかけているのに、価格はこれ以上上げられない。つまり、原価率が高く、ひと皿あたりの粗利が少ないのです。たとえ、ひと皿の儲けは少なくても、お客さんがどんどん入れ替わって注文してくれたなら、つまり回転率を上げることができたら、数量が増えるので利益を出すことはできます。けれども、洋介くんのお店では、常連さんがのんびりコーヒーを飲みながら居座ってしまい、回転率を上げることなんて夢のまた夢。

これではどんなにがんばっても、儲けることはできないのです。

私は、洋介くんに、はちみつ屋の話をしました。この話のポイントは「継続」です。３個セットで２０００円のお得なはちみつは、お客様と最初の繋がりをつくるための「おとり」に過ぎず、その後にローヤルゼリーやプロポリスといった高額商品を、しかも継続して買い続けてもらう仕組みがつくられていたのです。

これが「儲かるビジネスモデル」です。ここにはちゃんと儲かる仕組みがあります。その仕組みのスゴさに気づいた岡之上社長は、すぐに宝石販売業をやめて、青汁の製造を始めましたよね。販売会社と一緒に商品ブランドを開発したら、一度きりではなく継続して製造注文が入ってくる仕組みをつくったのです。

仕組みがわかれば儲けるなんて簡単です。この本で、洋介くんと一緒にその秘密を探っていきましょう。

第3章

知らず知らずのうちにお客さんがお金を払ってくれる仕組み

1 ヒントは「継続」

あれから桜子はまだ店に来ていない。

また来ると言ってくれたけれど、もう2週間になる。仕事が忙しいのだろうか。

あの日から洋介は、自分に問いかけ続けていた。でも、答えは出なかった。どうしたらこの店が儲かるようになるのか、さっぱり答えは見つからず、相変わらず早朝から深夜まで働いていた。

でも、今までと同じではいけない、ということだけは、ハッキリわかっていた。これまでの自分は、それすら見えていなかったのだ。

ただ料理をつくって、店を開けて、そしてこの先どうしたら良いか考えることすらしていなかった。困って、悩んで、日々が過ぎていただけだった。

また桜子と話がしたかった。

ヒントは「継続」と言っていたっけ。

継続して買ってくれるような仕組み、か。いったいこの店でどうやって、ローヤルゼリーやプロポリスみたいな継続して購入してくれる商品をつくればいいんだろう???


でも、ローヤルゼリーやプロポリスだけじゃない。見回してみれば、自分の身近なところにも、同じものをずっと買い続けている商品はけっこうあった。

たとえば、この「おしぼり」。おしぼり業者が使用済みタオルを回収し、洗浄したものをビニール袋に入れて配達してくれる。これだって立派な「継続する商品」じゃないか。

あと、入口の玄関マット。よく考えたらいったい誰が4週間に一度、玄関マットを取り替えるなんて決めたんだろう。そりゃあ、定期的に取り替えたほうが清潔で気持ちがいいけれど、なんだか知らず知らずのうちにお金を払ってしまう仕組みに自分がはまっているような気がしてきた。これは絶対に、あの清掃用品会社の戦略に違いない。

自分の店がどうなればいいのかという答えは、まだ全然見つからなかった。でも、今までと違う視点で周囲を見回すことができているだけでも、自分にとっては大きな進歩だと、洋介は思った。もっと桜子と話せば、もっと何かに気づけるかもしれない。桜子が教えてくれることの中に、自分がこれから変わっていけるヒントがたくさんあるような気がして仕方なかった。

2 洋介の宿題

桜子は、2週間の出張を終えて、ようやく東京に戻ってきた。九州から始まり、中国四国地方をまわって一旦東京に戻ったものの、すぐまた北海道へ飛んだ。

仕事は充実したものだったが、旅先では、取引先の社長との会食が続き、各地の新鮮な魚介を山ほどご馳走になった。贅沢な話だけれど、刺身や寿司もこれほど続くと辛い。

明日はようやく東京に戻れる、そう思ったときから、桜子はすでに「カフェ・ボトム」のカレーが恋しくなっていた。羽田に着いたら、その足で洋介のところに行こう。桜子はそれを考えると猛烈に楽しみだった。

桜子がドアを開けると、洋介が人懐っこい笑顔で、出迎えた。

「遠山さん！　いらっしゃいませ。お待ちしてたんですよ！」

「桜子でいいわよ」

まるで指定席のように、カウンターの洋介の正面に腰掛けた。

「あっ、はい。桜子さん、ありがとうございます」

「2週間ずっと出張だったのよ。今北海道から帰ってきたとこ」

「北海道ですか。いいですねえ、僕、しばらく帰ってないですよ。スープカレー食べました？」

「それが食べなかったの。魚介類ばっかりご馳走になってね。でもすごいわね、札幌のスープカレーって。今じゃすっかりご当地グルメとして定着してるけど、実は札幌の名物にするために意図的に流行らせたものなんですってね。開業したら市から助成金が出た時代もあったんでしょ」

「僕は流行する前から家でつくってましたけど、何ももらえませんでしたよ」

洋介はそう言って笑った。

「また海老カレーでよろしいですか？」

「はい、お願い。なんだかおかしいなあ。北海道から東京に帰ってきて真っ先にスープカレーを食べたいだなんて。普通逆よね」

「光栄です」

「何か中毒性の高いスパイスでも、入ってるんじゃないの？」

洋介は声をひそめて言った。

「企業秘密ですよ」

桜子は笑った。

考えてみたら、洋介とこのカウンターでおしゃべりをするのは、楽しい時間だった。

仕事は充実しているが、緊張も多い。毎日大勢の人に会い、話をする。「遠山桜子」というビジネスパーソンとしての自分を、どこかから冷静に分析し、求められる姿を演じているような気持ちになるときがある。それで良いと思っているし、そうあるべきだとも思っている。

ただ、オフィスと家がこれだけ近いと、オンとオフの区別が急速になくなっているような気がしていた。

7年前、桜子は夫を病気で亡くした。建築家として活躍していた夫であったが、多忙を極め、病気が発見されたときにはもう手のほどこしようがなく、あっという間の別れであった。

娘のエリカはまだ小学生だった。とにかくこれからは、自分一人の手で育てていかなければならない。桜子は実家に戻り、両親の協力を得ながらエリカを育て、まるで夫との別れを悲しむ隙をつくらないかのように必死に仕事に没頭した。そして、みるみる実績を上げ、会社は急成長を遂げた。

それでも一日の仕事を終えて家へ帰れば、そこには賑やかな家庭があった。エリカの笑顔と健やかな成長、両親とのたわいもないおしゃべり。それが桜子にとって唯一安らげる時間だった。

しかし今年、エリカが高校生になり、アメリカの寄宿制の私立高校、つまりボーディングスクールへの入学が決定して渡米したため、桜子も実家を離れてこの街に一人住まいをするようになったのだ。

仕事に没頭できる環境を選んだことに満足はしている。でも、もしかしたら、こうやって仕事とはまったく切り離されたところで、他人と気楽に話せる時間というのは、久しくなかったかもしれない。

「洋介くんは、ずっとこの店一人でやっているの?」

「最初はね、嫁さんと一緒にやってたんですけど、半年前に出てっちゃいました。娘を連れて嫁さんの実家に」

「あら」

「ちょっと、いろいろすれ違ってるうちに、コレ問題、起こしちゃいまして」

洋介が小指をちょっと立てて、すぐに引っ込め、肩をすくめた。

「しょうがないわねえ……」

「それで別居してるんです。娘が、今年小学2年生になったんですけど、しばらく会わせてもらってなくて」

「離婚はしてないんでしょう？」

「はい」

「もうその、原因になった女性とは、別れたの？」

「はい」

「ちゃんと謝って、戻ってきてほしい、とか言ってみたら？」

「言えないっすよ。店はこの状態だし、苦労かけるばっかりなんで……」

「でも、子どもにも、会いたいでしょう？」

「そりゃあ、会いたいですよ」

洋介が力なく笑う。

まったく、男ってのはどうして不要なプライドを捨てられないんだろう。

どんな奥さんなのか全然知らないけれど、この洋介を夫に選んだ女性なのだ。こんな店でひと旗あげて天下を取ってやろうなんて、そんなしょうもない男のロマンにつきあっていこうと、一度でも決めた女性なのだ。

きっと洋介が思う以上に根性がすわっているに違いない。

第一、もし仮に、夫にノホホンと養ってもらおうだなんていう願望を抱く女性であれば、そもそもこの洋介を伴侶に選ぶはずがないではないか。この洋介を。

……ちょっとヒドイかなと思ったが、それが桜子の率直な感想だった。

そして、桜子の趣味とはまったく違うものの、同じ女性として、奥さんの気持ちがわからないでもなかった。

(苦労させられることなんて、最初っから折り込み済みだったと思うよ)

桜子はそう言おうとしたが、洋介のプライドを傷つけそうな気がして呑み込んだ。夫婦のことは、夫婦にしかわからない。放っておこう。今のところは。

「カレーは昔から好きだったの?」

我ながら唐突な質問だと桜子は思った。まるで小さな子どもに聞いてるみたいだ。すると洋介も、急に子どものような表情になり、答えた。

「ばあちゃんが、よくつくってくれたんですよ!」

「僕の実家、旭川で家具屋をやっていたんです」
「あら。旭川って林業が盛んで、家具製造業が多いわよね」
「桜子さんてほんとに何でも知ってますねえ、そうなんですよ。で、僕は、両親が仕事してたから、ばあちゃんに育てられたんです。それで、ばあちゃんに教わって、小学生の頃から自分でもカレーをつくったりしていたんですよ。あ、でもばあちゃんのカレーは、市販のルーで豚肉のこま切れが入った普通のカレーでしたけど」

洋介のばあちゃんのカレーを食べてみたいと、桜子は思った。

「僕、子どもの頃から、お前は家具屋を継げって言われて育ったんです。自分でもそのつもりだった。だから高校出てから東京の会計専門学校に入ったんです。経営のこと勉強するつもりで」

「それがどうしてここにいるの?」

「潰れたんです。実家の家具屋」
「そう……」
「それで戻るところがなくなった。かといって、普通のサラリーマンになる気も起きなくて」

おぼろげながら、洋介という人物、彼のここまでの人生が一筋の道になって見えたような気がした。

この人懐っこい笑顔も、きっと、跡取り息子として愛情たっぷりに育てられたからに違いない。商売人の子として生まれて、大勢の人に接して育ってきたのかもしれない。そして、自分で商売をやるという選択をしたのも、本人にとってはごく自然な流れだったのではないだろうか。

「僕、あれからずっと考えてたんですよ。宿題」

そうだ。この前、そんな話をしていた。

「答えは見つかった？」

「はい！　継続する商品ですよね！　僕、わかったんです！」

「わかったの⁉」

「はい。ローヤルゼリーやプロポリスだけじゃなくて、身の回りにいろいろあったんです。たとえば、この『おしぼり』。それからあの『玄関マット』。完全に継続させられる戦略にはまってますよね。悔しいなあ！」

桜子が笑った。

「なんか、間違ってますか？」

「ううん。そのとおりなんだけど、なんだかあんまり真剣だからおかしくて」

桜子が洋介に続いた。

「ウォーターサーバーもそうよ。契約する前は、どの水がいいか、あんなに検討するのに、一度決めてしまうともうずっと同じ水を買い続けるわよね」

「そうか。あ、あと、プリンター！ あれって本体はけっこう安く買えますけど、インクがめちゃくちゃ高くないですか？ あれもきっと、インクを継続して買わせて儲けてるんだと思うんです」

「そのとおりね」

「くっそお。あと他に何があるかなあ」

洋介は本気で悔しそうな顔をしながら、店の中を見渡して「継続して買わせる商品」を探し続けている。まったく、子どもが宝探しをしているみたいだ。ついこちらも巻き込まれて、一緒になって笑ってしまう。

洋介の魅力とは、こういう素直なところなのかもしれないな……。そして桜子は、そういう経営者が成功しているのを、数多く知っている。
もしかしたら洋介も……。

「自分の店をどうしたらいいか、答えは見つかった？」
「それは全然まだですよ。でも、問いかけ続けることは、意識するようになりました」
「それは大変化ね！　すごいじゃない！」

思いがけず桜子が大げさにほめてくれたので、洋介はうれしくなった。桜子は、思ったことはズバッと指摘するけれど、絶対に人を馬鹿にしたり、頭ごなしに否定したりしない。良いと思ったらズバッとほめる。

「もっと桜子さんの話を聞きたいんです。今は別世界の話でも、すぐに答えが見つからなくても、桜子さんの話を聞いたら、何か、見つかりそうな気がして……。うまく言えないんですけど」

桜子は、真剣な洋介の様子をじっと見つめて聞いていた。

洋介がこの2週間、桜子の言葉をかみしめて、一生懸命自分に問いかけをしてくれていたことが、素直にうれしかった。

「だけど、うちの店みたいな飲食店が、お客さんに継続して買ってもらう仕組みなんてどうやってつくったらいいんでしょうね。毎日毎日カレーだけを食べにきてもらうわけにもいかないし……」

「無理だと思う？」

「いえ、無理だと思わないで、自分はできるって、思うようにしようとは思うんです。でも、全然思いつかなくて……　どうしたら……」

洋介が少し沈んだ表情をみせる。この若者は毎日考え続けてくれている。ここはひとつヒントを出そう、桜子はそう思った。

お客様が知らず知らずにお金を払い続けてくれる仕組み

「昨日、ちょうど北海道でね。面白い店に行ってきたの」

桜子がそう切り出した途端、洋介の表情はみるみる期待にあふれていった。面白い話が始まるぞ！

まるで、毎週欠かさず見ているアニメのオープニング主題歌が始まったときの、子どもの顔だ。桜子はちょっとおかしくなった。

「確かに飲食店だと、自分のところではちみつ屋のような仕組みをつくるのは難しいと思ってしまうかもしれないわ。でも、ちゃんと仕組みをつくって、お客さんが知らず知らずにお金を払い続けてくれるようにしているお店が、北海道にあったのよ」

洋介はもう、自分に関係ないとは思わなくなっていた。お客さんが知らず知らずにお金を払い続けてくれる？　そんな夢のようなすごい仕組みがあるのだろうか？　もし自分が客だったら、たまったものではない。

「知らず知らずに課金されて、引き落とされてるってことですか？」

「アハハ。でも、確かにそれに近いかもしれないわねえ」

「それに近い……」

いったいどんな、あくどい会社なのだろう。

「プリン屋さんなの」

へっ？　プリン？

今の今まで洋介の頭の中では、ちょっと危ない系の方々がずらっと並んでいるイメージだったので、完全に意表を突かれた。

しかし、例によって桜子は、そんな洋介の動揺など意に介せずという感じで、話し続けている。桜子は、とにかくこの手の話が大好きなのだった。

洋介もまた、だんだん桜子のことがわかってきた。この人は、三度の飯より儲かる仕組みの話が好きなのだ。いや、むしろ、儲かる仕組みの話をおかずに白飯が食えるほど、大好きなのだ。どっちだろう。まあ、どっちでもいい。

「北海道の観光地、富良野にある、ものすごく有名なプリン屋さんなんだけど。知らない？　牛乳ビンに入ったプリン」

「見たことあるような気がしますけど……」

「地元だと逆に買う機会はないかもしれないわね」

「そのプリンを毎日1個食べるように仕向けているんですか？　どういうふうに？　ものすごく健康にいいプリンだとか、そういうことですか？」

洋介は早くその「知らず知らず」のくだりが聞きたくてたまらない。

「違うわよ。さすがに同じプリンばかり毎日は食べられないわ。『頒布会』って知ってる？」

「ハンプカイ？」

「知らない？　一度申し込むと、毎月毎月定期的に品物が届くの。毎回同じものが届く『定期購入』に対して、頒布会は『毎月毎月違うものが届く』」

「なるほど……頒布会か。で、その頒布会が、どうしたんですか？」

早く聞きたいのに桜子はずいぶんと遠いところから話を始める。

「ここのオーナーはすごいの。パティシエの修業をしてね、いつか自分の店を持とうと決めたとき、どうしたと思う？　彼はまず、Webやデザインの勉強をしようと思ったの」

「へえー」

「へえーって、あなた。どうしてだと思う？」

「……わかりません」

「パッケージデザインから、カタログ、撮影、それから顧客データベースの管理。全部の知識をつけて、自分の力でできるようになろうと思ったのよ。だから、なんと、データベースの会社に入って、その後はパッケージデザインの会

図６ 定期購入と頒布会

定期購入：同じものが届く

1月 プリン

2月 プリン

3月 プリン

4月 プリン ……

頒布会：違うものが届く

1月 プリン

2月 チーズケーキ

3月 ムース

4月 ゼリー ……

社に入社したの」

「パティシエなのに？　すごいな」

「彼が言うにはね、美味しいものをつくるのは当たり前。それに、たとえば同じ材料を使えば、どんな店でもそこそこ美味しくはできると。ただそれはまあ、完成度でいえば80％ぐらいのレベルの話ね。そこからさらに上を行く20％の完成度を追求することで、感動レベルの味が生まれるそうなの」

「確かに、スイーツって、どこの店でもまあ美味しいですよね。まずいのを見つけるほうが難しいかも」

「彼がそんなふうに味を追求をしているのはもちろんなんだけど、もうひとつ、感動をつくり出せるのは、『見せ方』だって考えたのよ」

「見せ方？」

「そう、味の感動に加えて、見せ方を演出することで、もっと感動させることができる。それがデータベースやパッケージデザインを学んできた彼の強みであり、差別化のポイントだった。そしてもっとすごいのは最初から実店舗ではなく、空中戦をやろうと考えたことなの」

「空中戦？」

「通販のことをそう呼ぶのよ。実店舗、つまり実在するお店に買いにきてくれるお客さんをどう集めるかってことではなく、空中を商品が飛び交う通販ショップにいかに買いにきてもらうか、の戦略。だから『空中戦』」

「なるほど！　ということは……。通販のカタログやWebデザインを綺麗にして、売上を上げてるってことですか？」

「まさか。そんな単純じゃないわよ。もちろん、デザインの美しさやこだわりもあるけれど」

そんな単純じゃない、と言われて洋介はちょっとガッカリした。でも確かにそうだよな、それじゃ「知らず知らずにお金を払い続ける仕組み」にはならない。

それよりハンプカイの話はいつ出てくるんだ？

「通販をやるなら、日本全国のどこか。彼は次にそれを考えた。そしてスイーツならやっぱり北海道だ、といって北海道に行くの。最初は旭川に行ったんだけど、ピンとこなかったらしいわ」

「僕の故郷ですけどね……。確かに、地味、ですけどね……」

桜子は聞いてもいない。

「で、次に富良野に行って、ここだ！　間違いない！　と思ったらしいの。テレビドラマのロケ地にもなっていて、全国的な知名度もある。北海道を旅行する人がかなりの確率で立ち寄る観光地なのよ」

「なるほど……」

「そこで次に、シャッター商店街の中にある古い物件を借りるの。店舗はどこだっていいのよ、通販を主体でやるつもりだから。だから安い物件に入居して、抑えられる経費はとことん抑える」

洋介は耳が痛かった。東京タワーが見えるなんていう理由で、この物件を借りた自分のなんと浅はかなことか。

「富良野だと、やっぱり家賃って安いんでしょうね」

「場所にもよるだろうけど……坪単価2000円ぐらいじゃないかしら」

「えっ！　じゃあ20坪で4万円ってことですか？　この辺りの10分の1ですよ！」

「出発点からして賢いわよね」

賃料を抑える、ということの重要さが今さらながらわかった。家賃が東京の10分の1だとしても、プリンの値段が東京の10分の1になるわけがない。つまり、家賃の安いところでものをつくって売れば、それだけ利益が大きくなるということだ。

「彼はまず主力商品として、地元の小さな牛乳ビンをそのまま使ったプリンを発売した。そして地元のメディアにどんどんアプローチしたのよ、東京からパティシエが来て、富良野に移り住んだと。あえて話題にし、しまいにはなんと観光バスのコースで店に寄ってもらうことに成功したのよ」

「す、すごいですね」

「で、面白いのはこの店舗の間取りよ」

図7 すぐに注文できる、したくなるプリン屋さん

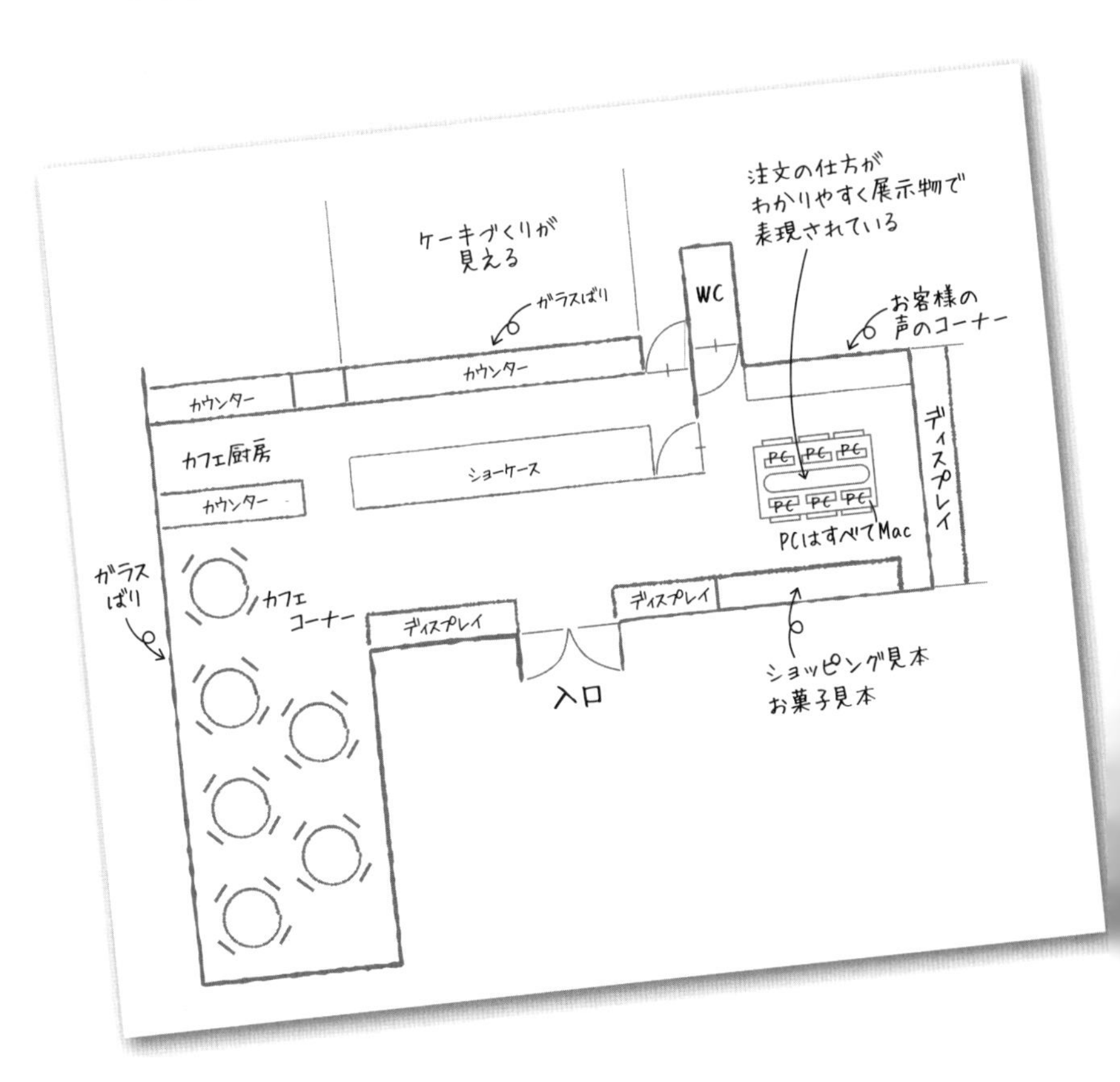

桜子はバッグからペンを取り出すと、コースターを裏返し、図面を描き始めた。

「こっちがショーケース。プリンだけじゃなく、いろいろなスイーツが並んでいるわ。で、こっちがカフェコーナー、その場で食べられるの。でね、こっちにカフェみたいに、ゆったりしたスペースの注文コーナーがあるのよ」

「注文コーナー?」

桜子の描く店内図には確かに、広々とした注文コーナーがあった。

「ここには Mac が何台も置かれているの。初めて行くと『何? このスペース』って思う人が多いと思うわ。でもすごくおしゃれな空間なの。

自分で Mac を使って簡単に注文できるようになっているのよ。Mac がまだ今ほど普及していなくて珍しかった頃からずっと Mac を置いているらしいわ」

「Mac っていうだけで、すごく洗練された空間になりますよね」

「そう。しかも、オーナーのパティシエが自分で Web サイトもつくるから、ものすごくわかりやすくて買い物しやすい注文サイトができているの」

「なるほど！　旅行で気が大きくなっている観光客が『せっかく来たから』っていう理由でいつの間にか買い物してしまうんですね」

「そのとおり！　開放感、人間の感情欲求を、見事に計算しているのよ。でもそれだけじゃない」

桜子は、もったいぶったように言う。

「通販って、購入する側からすると送料がネックよね。店側もしっかり送料を取るのが当たり前になってる。おかしいと思わない？」

通販でモノを買ったら、送料がかかるのは当たり前じゃないか。洋介はそう言おうとしたが、桜子はこう続けた。

「売るために、あれだけ広告宣伝費をかけたり、割引したり、おまけをつけたりするのに、なぜ７００円とか５００円そこそこの金額の送料だけは別に取るのかしら？」

言われてみればそのとおりだ。

「つまり、世の中の常識とされていることをちょっと変えるだけで、ものすごいアイディアになるのよ。このお店では『送料無料』をうまく使って、お客さんを誘導してる。頒布会にね」

ようやく出た！　ハンプカイ！

「頒布会っていうのは、毎月違う果物が届くとか、毎月違うワインが届くのだけど、ここの場合は、毎月違うケーキやプリンが届くの」

「待ってください。ここまで整理しますね。富良野に旅行に行って、観光コースでお店に寄りますよね。で、ついついいろいろ注文してしまいますよね。で、家に帰ってケーキやプリンが届きますよね。それでどうなるんですか? どう頒布会に繋がるんですか?」

4 自然に頒布会(はんぷかい)へと誘導する

桜子は洋介が少しずつ変化しているのを感じていた。自分の感性で受け止めて、考えて、答えを出そうとしている。そうなると、桜子も楽しくて仕方ない。

「このオーナーパティシエのすごいところはね、さっき言ったように、味では究極の差別化はできないことを知っていることなの。北海道の美味しい素材を使ってケーキやプリンをつくれば、どこだって誰だってそこそこ美味しいものはできるって。普通自分がパティシエだったらこだわりがあって、なかなかそういう発想にはならないものよ。洋介くんだって、スープカレーの味では誰にも負けない、と思っているから、味から離れて考えることは難しいでしょう?」

「確かにそうです。つくっていると、思い入れが強いですからね。味には自信があるのに、それが売りにならない、と言い切れるなんて、すごいな……」

「このオーナーパティシエは、本当にお客さんとの関係性をつくっていくことがどれだけ大切かわかっているのね。実に緻密なシナリオを設計しているのよ。まず、買ってくれたお客さんには、7回メールを送る」

「7回……」

「こんにちは。北海道旅行はいかがでしたか? 楽しかったですか? 何月何日に生チョコロールを出荷しましたよ、届きましたか? このケーキはこんなこだわりがあって……というようなメールが、忘れた頃に7回届く。すると、お客さんは、楽しくて美味しかった北海道旅行を思い出すのよね。ああ、また行きたいな、また買ってみようかな、って」

「わかった！　そこで『送料無料』の頒布会ですね！」

「すごいじゃない！　大正解！　**ちょくちょく買ってくれるなら、頒布会だと送料が無料になってさらにお得**ですよ。４月はイチゴタルトとシヨコラムース、５月はフロマージュとマドレーヌ、毎月季節に合わせてこんなものが届きますよ、と案内するの。それも考え抜かれた絶妙のタイミングでね。もちろんお客さんを毎月ワクワク楽しませて期待させることも忘れない。これが、一度申し込んだら知らず知らずのうちにずっとお金を払い続けてくれる仕組みよ」

「すごいなあ……。なんだか感動する！」

「どこの会社だって、継続して商品を購入してほしいものよ。でも、**自分の**

ところはプリン屋だからプリン以外に売るものがないと思ってしまうのか、そこを考え抜いて、常識を打ち破るかの違いね。頒布会という手法を使って成功しているのが、この富良野のプリン屋さんというわけ」

「店のつくりから考えてあるんですね。その場で注文してもらうことができたら、その後、メールで関係をつくっていける。きっと、店構えも仕組みのひとつなんだ」

「そのとおりよ。メールやSNSを使って発信する企業も増えているけれど、ただ発信したり、来てくれるのを待ってるだけなのが多すぎるのよね。もっと、お客さんに来てもらうために考え抜いて打てる策はいくらでもある。どこまで徹底するかよね」

「なるほど。そうか……そうだな……」

「どう？　答えに近づいた？」

神妙な洋介の顔を覗き込みながら、桜子が楽しげに言った。

「そうですね。僕だったら、毎月違う種類のスープカレーが届く頒布会をやりますね」

「それは駄目よ。レトルトの開発にいくらかかると思ってるの。それに、ここのお客さんは、近所の常連さんだけでしょ。レトルト届くの待つより、店に食べに来たほうが早いから、頒布会には入ってくれないわよ」

「なんだ。そうか……」

桜子にあっという間に却下された案だったが、洋介の中に、今までとは違う、ひとつの手応えがあった。それは『自分にもできるかもしれない』という感覚だった。自分ももっと考え抜いたら、何か良いアイディアが浮かぶに違いない。そんなふうに思えることが、楽しくなってきたのだ。


久しぶりに、ワクワクするぞ。

洋介は、まるでこの「カフェ・ボトム」を始めたときのような期待に全身が包まれるのを感じていた。長いこと忘れていた高揚感だった。

知らず知らずにお金を払い続けてもらうには

一回加入すると、よっぽどのことがない限り、毎月ずっと継続してお金を払い続けているものって、けっこうありますよね。洋介くんが見つけた、おしぼりや玄関マット、プリンターのインク、ウォーターサーバー……。
他にも、新聞。今は有料メルマガなんていうのもあります。

このように、継続して購入してもらえる商品を持つことができたら強いです。定期購入の仕組みをつくれたら一番望ましいでしょう。

しかし、どうしても業種的にそれが難しいという場合があります。プリン屋さんも、普通に考えたらプリンを定期購入してもらうのは難しいとあきらめてしまったかもしれません。それを打破して、頒布会という手法でいろいろなスイーツを売ることを考え出したのは、スゴイの一言です。

しかも、最初から通販で商品を売ることを考えて、自ら北海道に移り住み、一度でも訪れたお客様と徹底的にコミュニケーションを取って頒布会へ持ち込む一連の動きは、見事なビジネスモデルだといえます。

定期購入してもらうのが難しい商品の場合の「打開策」として「頒布会」というものを発想してみると、面白いアイディアがいろいろ浮かぶかもしれませんね。

さて、レトルトカレーの頒布会を私に否定されてしまった洋介くんは、今度は何を考えるでしょう。レトルトカレーという発想は悪くはないのですが、ご近所の常連さんしかお客さんがいない今の状況では、ちょっと現実的ではありませんね。

家賃が安く、スイーツのイメージが良い北海道の富良野に、あえて拠点を構えたプリン屋さん……。そのあたりが、今後の大きなヒントになるかもしれません。

第4章

400円のマグカップで4000万円のモノを売る方法

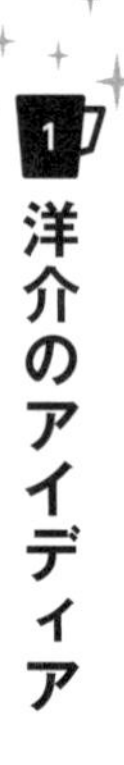

洋介のアイディア

その日も桜子は、最終便で羽田に着き、タクシーで自宅まで向かった。

朝一番の飛行機で愛媛へ向かい、松山市内の経営者向け講演会で壇上に立った後、懇親会に出席してギリギリで空港に戻り、日帰りしてきたのだ。

ゆっくり泊まってきたかったが、明日は朝イチで大事な商談があるので、早く出社して準備をしなくてはならない。日帰り出張に慣れてはいるが、講演というのは自分のテンションを高く上げて聴衆を巻き込むエネルギーを必要とするので、終わった後はなんだか目が冴えてしまうのだ。クールダウンして解きほぐさないと、ぐっすり眠れそうにない。

一杯飲んでから帰ろうかな。

自宅マンションのエントランスでタクシーを降りた後、桜子は自宅のドアとは逆の方向へ歩き始めた。向かうのは洋介の店「カフェ・ボトム」だ。選択の余地はない。

だってこの時間じゃもうあの店しか開いてないんだもの。

１００メートルも歩けばすぐ店がある。考えてみたら、この辺りにはマンションも意外に多い。都心に住むということは高額所得層が多く、生活スタイルもさまざまだ。この時間に、近隣に開いている店が他にないのだから、もっと「カフェ・ボトム」にお客さんが来てもいいはずなのに……。

ま、都心の高額所得者は、もっとおしゃれな所で飲んでるわよね。

桜子は「カフェ・ボトム」の入口につき、そういう結論に達した。この純喫茶をそのまま使ったような外観では、知らない人はそうそうドアを開けられない。

でも、今や常連の仲間入りをしてしまった桜子にとっては、なんとなく自分にとっての「隠れ家」のような、大切で居心地の良い場所になっていた。

少し固めのドアをぐっと押し開けると、意外な声が聞こえた。

「お帰りなさい、桜子さん」

社員の河田だ。カウンター席に座り、片手をひょいっと上げてから軽く会釈している。

「いらっしゃいませ」

河田と向かい合ってカウンターに立っている洋介の声が続く。

「河田くん！　来てたの」

「今、噂してたんですよ。桜子さんもうすぐ戻ってくるから、来るんじゃないかって」

「お待ちしていました」

桜子は河田の隣の席に座りながら笑った。

「やだなあ。私のとっておきの隠れ家なのに」

「何言ってるんですか。桜子さんがこの前、ランチに連れてきてくれたんじゃないですか」

「ありがとうございます。河田さん、あれから何回か来てくださって」

洋介が桜子に笑顔を向けると、河田が言った。

「近くにこんな美味しいスープカレー屋があるなんて知りませんでしたよ。もうあれからすっかり気に入っちゃって、やみつきです」

「スープカレー屋じゃなくて、カフェよね？」

桜子が洋介に微笑みかける。

「そうですね。こうして深夜までお酒も飲めるので、いちおうカフェですね」

「へえ。てっきり遅くまでやってるカレー屋さんかと思ってましたよ……。あ、桜子さん、僕、先にいただいちゃいました。お食事まだですか？」

「ああ、愛媛でちょっと食べてきたから大丈夫。今日はね、ちょっと一杯飲もうと思って。ワインもらおうかしら。ハウスワインの赤でいいわ」

「かしこまりました」

洋介がグラスを取り出す。

「河田くんと洋介くんって、もしかして同世代じゃない？」

「今お聞きしたら同学年だったんです！　僕は早生まれで今31歳なので」

二人とも桜子よりひと回り以上年下だ。河田は桜子の腕利きの部下で、バリバリと稼いでいる。

(同い年なのに、この二人の年収の違いといったら……)

つい心の中でそんなことを考えてしまう。

「桜子さん、洋介さんすごいんですよ。桜子さんの話に触発されて、いろいろ新しいアイディア浮かんだみたいです」

「いや、アイディアなんてそんな……」

桜子の前へ赤のグラスワインを差し出しながら洋介がはにかむ。

「なあに？　すごいアイディアって。教えて」

「いや、それほどでも……」

と言いながら、話したくて仕方がない様子の洋介。

「洋介さんは、桜子さんに北海道のプリンの話や、岡之上社長のはちみつの話を聞いて、自分の店でも応用したいと思ったんですよね」

「ええ……実は……。ぼくも、お客さんにメールを7回送ろうかと思って！」

洋介が、ついに発表した、というように紅潮して言った。

「メールを、7回？」

桜子が一瞬の間を開ける。

洋介はうれしそうに続ける。

「ハイ。お客さんにメールアドレスをもらって、定期的に発信しようかと」

「なるほどね」

2 桜子の問いかけ

桜子はどんなことも頭ごなしに否定しない。微笑みながら洋介に問いかけた。

「どういうメールを送るの？」

「えっと……」

桜子に急に問いただされて緊張する洋介だったが、一生懸命思っていることを口にし始める。

「最初はご来店ありがとうございます、で始まりますよね。で、次に今日のランチは◯◯カレーですよ、とか、コーヒー豆は自家焙煎ですよ、とかそういう感じですかね」

「そう……」

桜子は微笑みながら続けた。

「でも、ここのお客さんはほとんど近所の常連さんだから、もうカレーとコーヒーのことは知ってるんじゃない？」

「確かにそうです……」

「常連さんは黙ってても来てくれるんだから、だったらむしろコーヒー一杯だけじゃなく他のメニューを頼んでもらう工夫とか、誰かを連れてきてもらうためにどうしたら良いか、を考えたほうがいいんじゃないかしら」

「そっ、そうか……」

「あとはそのメールの送り先をどう増やすか。つまり、新規のお客さんをどう増やすかということ。『おとり』が必要よね」

「おとり……ですか？」

「そう。おとりから本命にどう持っていくか。まずその戦略があって、お客さんをつなぎ止める施策のひとつとしてのメールよね」

「おっと。桜子さんのスイッチが入りましたね」

河田が面白そうに言う。

「だって、こんなに美味しいカレーがつくれるのにもったいないじゃない。儲けるなんて簡単なのに」

「出ました！　遠山桜子のキメ台詞！　『儲けるなんて簡単よ、この桜吹雪がお見通し～』」

「ちょっと！」

「でもね、洋介さん、桜子さんはホントはすごい人なんですよ」

河田が笑いながら洋介に向かって言う。

「そうだと思います」

「知ってますか？　この人、年商3億の会社をコンサルして、たった3年で年商３００億円にしたんですよ」

「えっ？」

「桜子さんが経営指導に入ると、その会社の売上が１００倍になる」

「本当ですか？」

「本当よ。１億が１００億になる。こうみえて、なかなかのコンサルタントなのよ」

　桜子が口を挟んだ。

「でも意外と泥臭いスタイルのコンサルなんですよ」

「泥臭いは余計じゃない？」

「いい意味で言ってるんじゃないですか。理論を振りかざすんじゃなく、現場に入り込んで、時には営業マンと詳細な話をしたりもする。現場重視で徹底して結果を出し続けるんですよ、桜子さんは。ね？」

「まあ……現場が好きなのかなあ。経営者と話して、店舗を見て、社員さんたちと一緒に仕組みを変えていくの。成果が出るとお客様もみんなも本当にうれしそうな顔をしてくれるじゃない。それが楽しいのよ」

桜子は本当に楽しそうな顔をして言った。

「だから全国各地を飛び回ってるんですね」

洋介はやっと桜子のことがわかって納得する。

「勉強になります。桜子さんの話」

「そうですよ、洋介さん。ほんとは桜子さんのコンサル1時間受けるだけで、どんだけ高いと思ってるんですか」

河田が笑いながら立ち上がった。

「じゃ、僕そろそろ失礼します」

「遅くまで、ありがとうございました」

「河田くんは新婚なんだから、夜中にこんなところでカレー食べてないで、奥さんの手料理食べなきゃね」

「いや桜子さん、こんなところって」

洋介がすかさず突っ込んで笑う。

「あんまり奥さん放っておくと、洋介くんみたいに出て行かれちゃうわよ。あははは」

「……桜子さん、酔ってます？」

「ぜーんぜん」

3 「おとり」できっかけをつくる

「コーヒー、どうぞ」

河田も帰り、静かになった店内で、洋介が桜子にコーヒーを差し出した。

「ありがとう」

「あの、桜子さん」

「なあに」

「さっき言ってた『おとり』って、何ですか？」

　ああ、おとり、と言いながら桜子はコーヒーを口に運んだ。

「その名のとおりよ。**本命に呼び寄せるための『おとり』商品。**たとえば、はちみつ屋さんは、はちみつがおとりで、ローヤルゼリーとプロポリスが本命だった」

「あ、なるほど」

「プリン屋さんは、言ってみれば『富良野』がおとりね。そして呼び寄せたお客さんを離さない」

「富良野がおとり！　場所がおとりになるなんて、そういう考え方もあるんですね。なるほど」

「**本当に儲かる本命商品っていうのは、たいてい高額か、もしくは定期購入みたいに長期的に買ってもらえる商品**じゃない？　でも、いきなりそれを買わせるのは敷居が高い。だから気軽に手の出せる『おとり』の商品やサービスで、最初のきっかけを幅広くしておくの。

広く告知をして、まずは『おとり』でおびき寄せる。そしてだんだんと、ジョウゴのように本命商品へと落とし込んでいくのよ」

「そうか……」

桜子はコーヒーカップを眺めながら言った。

「面白い例があるわ。愛知県にね、４００円のマグカップ１個をおとりに家を売る、住宅会社があるの」

「４００円のマグカップ１個から家を？　それどういうことですか！　教えてください」

「人生で一番高い買い物って、やっぱり住宅じゃない？　マイホームには憧れるし、モデルハウスも行ってみたいわよね」

「ええ。でも冷やかしで行ったら営業マンにつきまとわれそうで、敷居高いですよ」

「そう。だから土日はアンパンマンショーやプリキュアショーをやったり、似顔絵描いたり、一生懸命イベントをやっているの」

「それが『おとり』ですね」

「正解！　でも、それでもやっぱり敷居は高いわよね」

「まあ、いつかはっていう憧れがあったとしても、現実的じゃないですからね」

「ところがその住宅屋さんはね、どこから見てもかわいい雑貨屋なの」

「雑貨屋？」

「おしゃれな家具が置いてあってね、そこに雑貨が並んでいるの。素敵な雑貨に囲まれたライフスタイルを提案しているって感じね」

「おしゃれな店なんですね」

「お客様も若い女性が中心よ。ここの雑貨に囲まれて暮らしたい、将来結婚したらここの家具が欲しい、そんな夢がふくらむお店なの」

「なるほど。なんとなくイメージわきました」

「それでね、この雑貨店では、何か買ってもらったら必ず、次回に使える半額券を渡すの。有効期限は３週間。３週間以内に来店してくれて何か買ってくれたら半額になるのよ。そしてまた買うと、さらに新しい半額券を渡される。それを３回繰り返すの。３週間期限の半額券を３回、その間にお店のスタッフがお客様とコミュニケーションを徹底的にとる」

「プリン屋さんのメールと同じですね」

「そう！」

桜子は生き生きと話し始めた。

「お客様との関係は恋愛と同じなのよ。おつきあいしたい人がいて初めてデートしたのに、次の約束をしないなんてありえないでしょ。初めて会ったときにちゃんとアプローチして短期間に頻繁に会うから恋愛関係になれるんじゃない？」

「確かに……」

「だからそれをちゃんと仕組みにするのよ」

お客様と恋愛するのと一緒。なるほどそうか。自分も女の子を落とすためなら、どうにかして頻繁に会う機会をつくるように考えるよなあ。洋介はかなり深く納得した。

「それからね、このお店は地元の女の子に人気があるから、新卒採用の会社説明会にもたくさん女子学生が来るの。そこで社長は考えた。考えてみたら、この子たちもお客様じゃないかと。こんなに採用費をかけて大掛かりな採用活動をやっているんだから、会社説明会も最大限活用してやろうって」

「まさか、会社説明会がおとりですか？」

「いえいえ、そういうわけじゃないのよ。おとりの前の『告知』ね。説明会は会社の理念をしっかり話して、良い人材を採用するためにちゃんとやってる。あくまでジョウゴの間口を広げるために、あらゆる機会を意識してしっかり告知しようということよ。

説明会の帰りにね『お母さんに渡してください』と言って、４００円くらいするお土産のマグカップと、お店の雑貨半額券をプレゼントするの」

「それがおとりのマグカップですね」

「そういうことね。この目的は、家に帰って話題にしてもらうことなのよ。なぜなら『口コミは一人では起こらない』から。こんなマグカップもらってきたよ、と、とにかくお母さんと会話してもらう。こういう理念があって、社長はこんな人で、いい会社だったよ、と話してもらうことなの」

「なるほど……。そして雑貨の半額券に期限があるから、お店に来てくれるんだ」

「そう。そしてそこでスタッフがコミュニケーションをとる。3週間で1回を3回繰り返す間にね。そのうち、陳列してある家具が目にとまる。『素敵ね、ここの家具』という話になる」

「その住宅会社は家具も売ってるんですね。マグカップ、雑貨、家具。なんだか出世魚みたいだなあ」

洋介はワクワクしてきた。

「で、家具お買い上げ、ですか？」

「でも家具は売らないの」

「えっ？　家具は売らないんですか？」

「売ってるんだけどね、『買わなくていい』って言っちゃうの」

「ど、どういうことですか？」

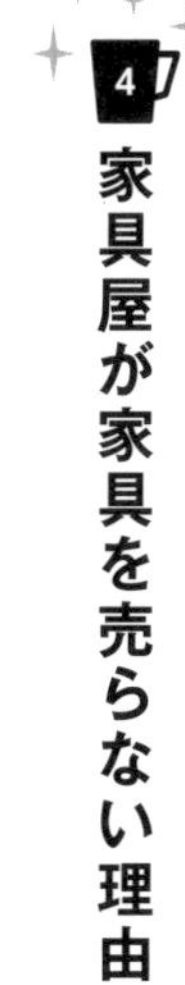

4 家具屋が家具を売らない理由

ここからが面白いところね、と言って、桜子は続ける。

「さっき言ったように、このお店は、最初はかわいい雑貨目当てで来店してくるから、若い女性のお客さんが多いのよ。

『いつか、結婚するときには、ここの家具が欲しい』

という憧れを持ってくれるのね。そして繰り返し来店するうちに、やがて家具を買いにきてくれるときがやってくる。

その時に、このお店では何をするか。なんと、家具を見に来たお客さんを自社のモデルハウスに連れていくのよ。そして、素敵に飾られたインテリアの中で家具を見せて、こう言うの。

『ご覧ください。いずれ家を建てたときに、家にあわせて造り付けにしたほうが間取りにぴったりだし、地震対策にもなるんですよ。だから今は無駄な家具は買わないでください』

って説明するのよ」

「……とっても良心的なアドバイスですね」

「まあ、その時売れる点数は確実に減るでしょうけどね。そして、こういうプレゼンをするの。

『家に造り付けない、ソファ、ダイニングテーブル、ベッドの三つだけ買いましょう』

『でも、間に合わせの安物家具を買ったら、結局お金の無駄ですよ。将来長く使えるような、しっかりとした大きめのソファ、来客に対応できる6人掛けのダイニングテーブル、ぐっすり眠れる高級なマットレスとベッド、それだけを買いましょう』」

「今って、安い家具がいっぱいありますからね」

「そう、でも何年かたつと壊れたりするじゃない。それがいかに無駄かを説明するの。いずれマイホームを買ったときにもそのまま使える家具を買っておけば、あとはウォークインクローゼットや造り付けの食器棚だけ揃えればいいですよって」

「マイホーム？　あれ？　いつの間にかお客さんをモデルハウスに連れて来ちゃってるじゃないですか。アンパンマンショーもやってないのに」

「そう！　そこに気がついた？　すごいわ、洋介くん勘がいい。**実はここで家具から家への『すり替え』をしていく**のよ」

「すり替え、ですか？」

「そう。そして婚礼家具を買いに来たお客さんに、家について話をしていくの。結婚が決まっただけのまだ若いカップルに、

『35年ローンを30歳からはじめたら、65歳まで払い続けるのよ』

って言うとびっくりするでしょう？　25歳で家を購入したって、支払いが終

わるのは60歳よ」

「でもそんな若い子には、いきなり家は買えないんじゃないですか？」

「そうだけど『いつまでも賃貸暮らしっていうわけではないですよね？』と聞くと、やっぱりいつかはマイホームが欲しいという。だったら、今からちゃんと考えておきたいですよね、という話をすると、そうだよね、となるの」

「なるほど……。説得されるなあ」

「それに、結婚のときって、ちゃんと両方の両親が揃っているまたとない機会でしょう。そこで、

『ご両親と一緒に一度、お金の相談セミナーに来ませんか？』

と案内するの」

「セミナー？」

「そう。定期的にセミナーを開催しているので、ご両親も一緒に、今後のお金の計画について知っておきませんか、と言ってお誘いするの」

「セミナーも、その会社が主催しているんですね」

「もちろんよ。そのセミナーに参加してもらうのが次のステップ」

図8 コーヒーカップから家を売る仕組み

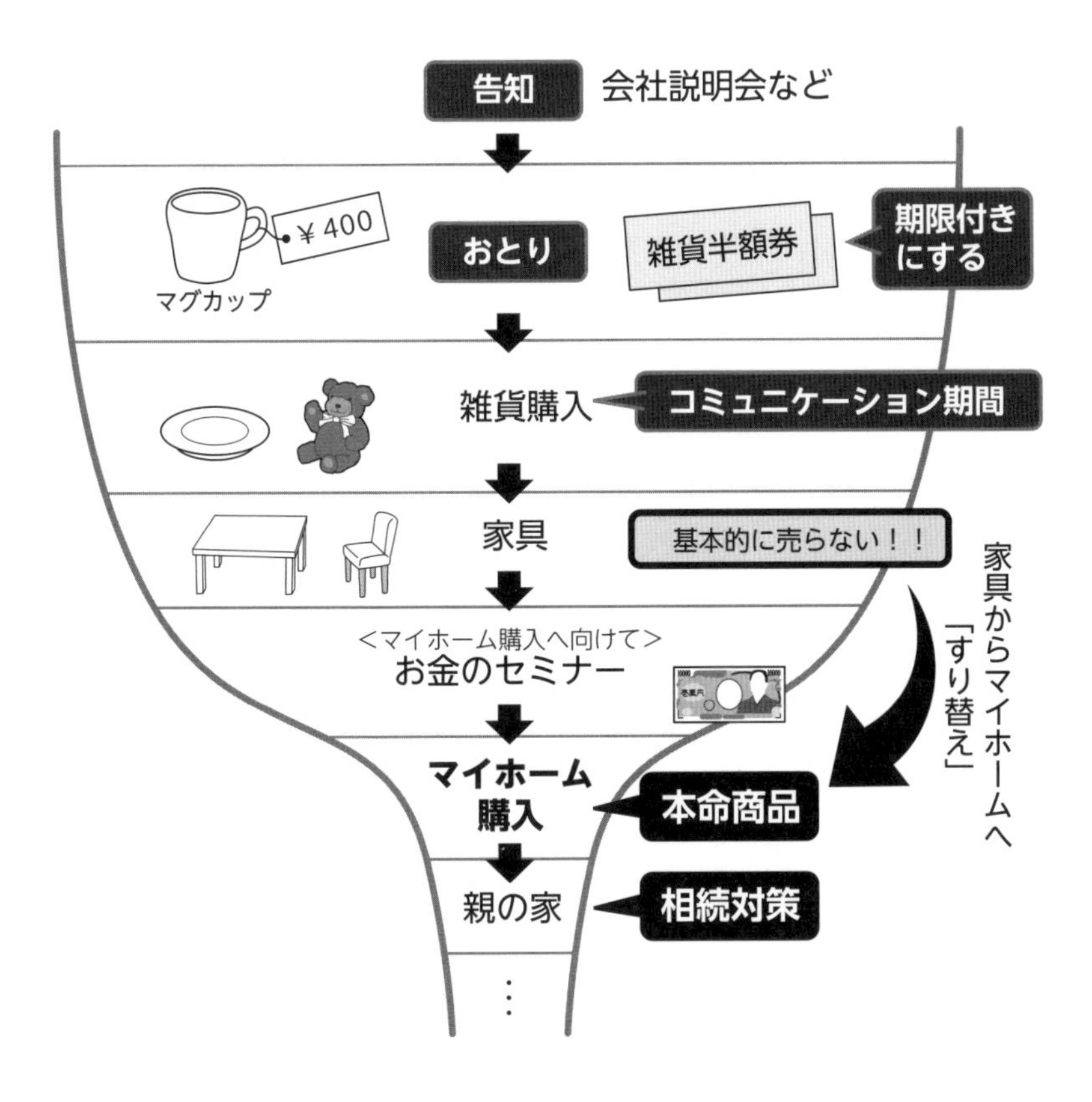

洋介の脳裏には、ジョウゴの中をするすると滑り落ちていく若いカップルの姿が見えた。

「セミナーではご両親も揃っている場で、こんな話をするの。

『結婚して新居のマンションの敷金礼金を払い、毎月家賃を払い、家具を揃えるだけでも何百万円ものお金がかかります。さらに、たとえば10年後に4000万円のマイホームを建てた場合、ローンの金利、賃貸のときの家賃などと合わせると、こんなに負担が大きいんですよ。

一方、仮に今、賃貸でかかるお金を頭金にして家を建て、ローンを組んだとしたら、結果的に、安い金利でお金を借りることができ、賃貸にかけるお金でローンが早く払い終わり、生涯家にかかるお金をこれだけ節約することができます、と』」

「すごい……」

「そうすると、親御さんの世代は「もったいない」ことに敏感だから、なるほど今若い二人が賃貸マンションを借りるのはいかにもったいないか、というこ

図９ 住宅会社が使用した「建築コスト比較シミュレーション」

総予算4,000万円のご計画例
／35年返済[ボーナス返済なし]35年固定金利

	今なら	３年後	
自己資金	500万円	800万円	年間100万円を貯める
借入金額	3500万円	3200万円	
金利％	２％	４％	金利が２％上昇と仮定
月額返済額	115,940円	141,687円	その差は25,746円
返済総額	48,694,800円	59,508,540円	その差は10,813,740円

自己資金を増やして借入額を減らしたのに、約1,000万円の差が出る！

金利が上昇する前なら総負担額も少なく、ローンも早く完済できます！

とをよく理解してもらえる」

「だったら家を建てたほうがいい、という話になる……」

「そう。女親の家が500万円出すっていったら、男親の家だって500万円出すっていう話になる。頭金が1000万円あれば、4000万円の家が3000万円のローンで買える。それなら今家を建てよう、と両家がまとまる」

「すごい！　本当にマグカップから家が売れた！」

「それだけじゃないわ。両親の家のリフォームや、うまくいくと新築まで受注できるケースもあるのよ。ご両親が今住んでいる土地建物を早く相続しておく場合にはどういうメリットがあるかも説明するの。ほら、相続のことって『死んだ後のことを話題にするのか』と言って、親子の間でも切り出しにくいケースもあるじゃない。そこをオープンに一緒に考えましょうって言うのよ」

「それがどうしてリフォームになるんですか？」

「相続対策として、収益物件を新築したり、賃貸併用の住宅に建て替えるということがあるの。節税にもなって家賃収入も得られてお得ですよ、とセミナーで教えてあげると、もう目からウロコよね。だったら思いきって今のうちに建て替えてしまおうということになるのよ」

「なるほど……」

「こういうふうに、本命に落とし込むためにちゃんと仕組みをつくっているのよ。最初のマグカップから、半額券で短期間に何度もコンタクトを取って恋愛関係になる。家具を買いにきたらモデルハウスに連れていって、家へと関心事をすり替える。親も参加するセミナーを用意して参加させる。そして最後に家を売る。そこまでシナリオを書いて準備するの。そして、その最初のきっかけになるのが『おとり』。後から本命が売れるなら、おとりの売上は少なくても例えば1円でもいい訳よ」

「……すごいな……」

「世の中を見たら、おとりだらけよ。エステ1回無料。お料理教室体験500円、紹介なら無料。間違いなく、その後の本命に落とし込む仕組みができているから、それができるのよ」

洋介は、すっかり圧倒されていた。

本当に、電車の中の広告を思い出しただけでも、おとり、おとり、おとり、だ。

そうか、世の中の会社は、こうやって儲けているんだ。

5 1万9800円の美顔器を、980円で売るのはなぜか？

「通販でも多いわ。たとえば『1万9800円の美顔器を今回限り980円！』」

「980円？　それは安くしすぎじゃないですか？」

「これ、実は美顔器のほうがおとりなの。本命は美顔器と一緒に使う『専用美容液』なのよ。この専用美容液の定期購入と一緒に申し込めば、1万9800円の美顔器が980円になるというキャンペーンね」

「おとり商品のほうが本命より豪華に見えますね」

「そう。だからとてもお得に見えるでしょう？　でも、利益で考えたら、美顔器1台売れて終わるより、美容液が今後定期的に売れていくほうがずっといいの。美容液を何度か定期購入してくれれば、美顔器の値引き分なんてすぐに回収できるのよ」

「なるほど！　はちみつ屋と同じですね。1回売れて終わる商品より、何度も継続して購入してくれるほうが利益率が高い。だから美顔器ではなくて、美容液のほうが本命商品なんだ！」

「わかってきたわね。そしてもうひとつ。専用って言われるとそんな気がするだけで、本当は他の美容液を使っても問題ないのよ」

「えーっ！　そうなんですか」

「そうよ、美容液だったら何でもいいはずよ。でも、人って『専用』という言葉に弱い。ダイエットシェイクも『専用シェーカー』があれば、そのシェーカーのメモリを守って、それでしかつくらないでしょ。要するに、浮気防止のために『専用』という言葉で縛り付けているのね」

「……桜子さん」
「なあに」
「僕、わかりました。この仕組み考えたの、女性ですね」
「確かに、さっきの住宅会社の社長は女性だけど、どうして？」

「おとりから本命に落とし込む。浮気防止の網を張る。どう考えても、悪女の仕業じゃないですか」

「あら、悪女は嫌い？」

桜子がこともなげに言った。

「嫌いって聞かれると……魅力的です、はい」

「ならいいじゃない。相手に魅力をアピールしてどんどん好きになってもらうのは、恋愛にとって大事なことだもの。ビジネスはお客様との恋愛よ」

「お客様との恋愛……」

「流行っているところっていうのは、それだけ魅力があるのよ。

お客様は、好きになったらハマってしまう、夢中になって通ってしまう、離れられなくなる……アリ地獄ね」

「アリ地獄！　やっぱ悪女は怖いっす」

ふふん、と悪戯（いたずら）っぽく笑った桜子を、ちょっと色っぽい、と洋介は思った。恋愛の話をしたからだろうか。いや、ビジネスの話なのだが。

好きになってもらう、か。

相手を惚（ほ）れさせる自信があるだろうか、今の俺に。

ビジネスの話なのに、洋介もまた別のことが頭にあった。出て行った妻、亜弓は今、自分をどう思っているだろうか。

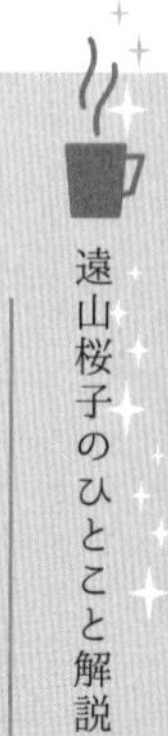

マグカップをおとりにした本当の理由

この住宅会社は、地元の愛知県では実績のある会社ですが、それでも大手メーカーが出展している住宅展示場には、モデルハウスを出すことはできません。なぜなら出展費用が高すぎるのに加え、大手でびっしりと枠が埋まっているのが実情で、入りこめないそうなのです。

それに、そもそもネームバリューのある大手と真っ向から戦うのは難しい。その逆境を打破したのが「新婚新築」という新しい市場を開拓することでした。大手が狙うのは主に「小学校入学前の子どもがいるファミリー」ですが、そこから「新婚カップル」にターゲットを変えたのです。

そして、消費の８割を握っているのが女性というところに目をつけ、徹底して「お母さんに気に入ってもらう」という戦略を打ち立てました。

そのためのおとりの第一歩が、マグカップというわけです。

あざやかな仕組みですが、その陰には、大手と戦わずしていかに勝つかということを必死で考えてきたからこそ、生み出されたノウハウが蓄積されているのですね。

前章までご紹介してきた会社と大きく違うのは、家という、人生最大の買い物を扱っているということです。金額が大きい商売だけに、おとりから本命に持ち込むにはやはり時間がかかります。お客様との信頼関係をこつこつと積み重ねて、歯車をいいサイクルで回していくために、小さな工夫をたくさんしているのです。

たとえば、住宅会社がこの雑貨店からのおとり戦略をそっくり真似したとしても、1年ぐらいでは結果は見えてこないでしょう。取り組むならば時間と労力をじっくりかける必要があります。継続は力なりです。

第5章

お客さんを とことん活用する戦略

1 桜子の決意

ある日の午後、「カフェ・ボトム」から戻ってきた桜子は、オフィスで深いため息をついていた。

厳しいことを言うって、大きなエネルギーがいるものだ。

相手のことを思いやる気持ちがないと、厳しさなんて出せない。どうでもいい人のために、こんなに消耗することなんてできないもの。

洋介に変わってほしい。本気になってほしい。

娘の果菜ちゃんのためにも。

＊＊＊

それは、昨日の夕方のことだった。

函館の出張から戻り、オフィスに少し立ち寄った後、早めに仕事を切り上げた桜子は「カフェ・ボトム」の前で中をこっそりのぞいている、ランドセル姿の小さな女の子を見つけた。

「もしかして、果菜ちゃん？」

洋介から娘の名前は聞いていた。

こっくり頷く女の子に、桜子は優しく言った。

「お父さんに会いにきたの？」

果菜はまた何も言わず頷いた。確か、小学2年生になるはずだ。

「じゃ、中に入ったら」

「もういい。見たから」

「どうして？　会ってお話ししたら？」

「ママが待ってるから、帰る」

そう言って歩き出そうとする。

「待って」

この状況で、無理矢理ドアを開けて父と子を対面させることもできる。そうすべきか、桜子は悩んだ。でも、下を向いて、きびすを返して歩き出す果菜には、それなりに会わないと決めた理由があるに違いない。今は果菜の気持ちを尊重しよう、そんなふうに思った。

「お家はどこ？」

「つきしま」

月島？　ここから少し距離がある。

「一人で、電車できたの？」

「うん」

「もうすぐ暗くなるよ。一人で帰れる？」

「うん。一人でこれたから」

もうすぐ夕方のラッシュが始まる。こんな小さな子を一人で帰すわけにはいかない。

「送ってあげるわ。お母さんと連絡とりたいんだけど、携帯持ってる？」

洋介の妻、亜弓に、果菜の携帯を借りて連絡をとった。亜弓は電話の向こうで、果菜が一人で洋介に会いに行ったことを非常に驚いていた。桜子にも恐縮していた。ちょうど仕事が終わり、日本橋までならすぐ出られるというので、日本橋で落ちあうことにした。

タクシーに乗り、果菜と一緒に日本橋へ向かう。果菜は次第に桜子に慣れたようだった。桜子の問いに応じて、学校の勉強で好きなこと、お友達の名前など、ぽつぽつと話すようになった。

桜子にも娘のエリカがいる。高校生になり、アメリカのボーディングスクールへ進学してから離ればなれだ。果菜の小さな手やほっぺたを眺めながら、エリカの小さかった頃を思い出し、たまらなく愛しい気持ちになった。

だから、その果菜が、

「あのね、この前の日曜日、運動会だったんだけど、パパに会えなかったから。だから来たの」

と、タクシーの中で打ち明けてくれたときには、桜子は言葉が出なかった。

父親に会いたい一心で、2年生の子がたった一人で電車に乗り、中央区から港区までやってきたのだ。店の前まで来て父の姿を見たものの中に入れなかったのは、おそらく母親に言わずに来たことに、最後の最後で気がとがめたのではないだろうか。

小さな心の中で、両親の事情を一生懸命受け止めようとしている果菜のいじらしい姿を見て、桜子は放っておけなかった。どうにか力になってやれないものかと思った。

2 亜弓の気持ち、果菜の気持ち

日本橋の高島屋の前で、亜弓と落ちあった頃には、もう19時をまわっていた。亜弓は、細身で、きりっとした顔立ちの美人だった。

「すみません、ご迷惑をおかけしました」

「いいのよ。一人で帰すのはさすがに心配だったから。私もちょうど時間があったし、よかったわ。ねえ、果菜ちゃんお腹空いているだろうからご飯でも一緒に食べない？」

「食べる！」

果菜が元気よく言った。

「でも、これ以上お時間とらせたらご迷惑では……」

「行きたい！　ねえ、行きたい！」

果菜が亜弓の袖を引っ張る。

「じゃあ行きましょう。この辺に老舗（しにせ）の美味しい洋食屋さんがあるの」

桜子は洋食店のテーブル席で、亜弓と果菜と向かい合い、座った。

オムライスを熱心にほおばる果菜を見ながら、亜弓はビーフストロガノフを食べる手を止め、桜子の名刺を眺めながら言った。

「経営コンサルタントさんなんですか」

「そう。あの『カフェ・ボトム』によく行くの。家も会社も近所なのよ。で、たまたま今日、果菜ちゃんがお店の前にいたのを見かけて……」

「お手数をおかけして、すみませんでした」

「今、離れて暮らしてるって、洋介くんから少し聞いてたから、すぐわかったわ」

「そうですか……」

「カフェの経営も大変みたいね」

「わかりますか？　わかりますよね。経営コンサルタントさんなら。あの店、どうやったらうまくいくんでしょうか？　相談に乗ってもらえませんか？」

亜弓が急に熱心に問いかけてきたので、桜子は少し目を丸くした。

「すみません……つい……」

うつむく亜弓に向かって、桜子は切り出した。

「ねえ。洋介くんのところに戻ってあげる気はないのかしら？」

さすがに店の客というだけでこんなに踏み込んでいいのかと思わないでもなかったが、今この時を逃すわけにはいかない。

「戻って来いって……言われませんから」

泣き笑いのような顔で、亜弓が言った。

「えっ？」

桜子は思わず声をあげた。

「じゃあやっぱり、戻る気はあるのね」

果菜がその言葉にびくっとしてオムライスから顔を上げ、亜弓の横顔を見てぱあっと明るい顔になる。

しかし亜弓は、固い表情をしたままだ。

「でも今のままじゃ駄目なんです。また同じことの繰り返しになる。洋介さん、自分が何をしたいか、まだハッキリ固まってないんです。なんとなく夢みて、何か大きなことできる気になって、よく考えずに始めたカフェでうまくいかなくて、空回りばっかりで、中途半端なことして……」

「過去は過去って思ってみたら？　支えがあれば変われるんじゃない？　それ

が今は、亜弓さんと果菜ちゃんの存在のように思うけど」
「洋介さんも自信を失ってるし、私も一緒にやってく自信を失って、出て来ました。もし、もう一度一緒になれるとしたら、お互いその自信を取り戻せるときかもしれない」
「亜弓さんは、どうしたら自信を取り戻せるの」
「やっぱり……ちゃんと、戻って来いって、言ってもらえたときかな」

変わらず洋介を愛しているのだ。

自分が傷つき、なお彼のためを思って、離れる決意をしたのだろう。誰よりも洋介を応援しているのは亜弓に間違いない。

そして、洋介もまた「経営が軌道に乗ったら迎えに行きたい」と考えている。

確かに今の状態で、港区に妻子を呼び寄せ、生活を維持していくのは困難だ。家賃すら払えるかどうか危うい。

でも、それで、そんなことで、果菜が小さな心を痛めている時間がこれ以上長く続くのは、桜子にはどうしても見過ごせなかった。

やっぱり、洋介くんに、しっかりしてもらわなくっちゃ。

桜子は、亜弓とまた会う約束をして別れた。果菜は、横で大人の話を聞きながら、父と母の間に光明が差したことを感じ取ったのかもしれない、とても明るくはしゃいでいた。

この笑顔を、ほんものにしてあげたい。
そう桜子は思った。

さて。どうしよう。
まず、洋介が今の状態から具体的に抜け出すためには、まだいくつかのことを教える必要がある。

急ごう。荒療治だ。

きついことを言ったら、洋介はただ落ち込んでしまうかもしれない。それだと困るが、でも、気づいて変わるのは自分自身にしかできない。ここで這い上がってこれないようじゃ、永久に這い上がれない。

洋介を見込んだ、自分を信じよう。

桜子はそう決め、日本橋の中央通りの歩道の真ん中で大きな伸びをして、深呼吸した。さらっとした夜風が心地良い。

日本橋といえば「遠山の金さん」の奉行所があったところだ。別に子孫でもなんでもないけれど。まったく、名字が遠山だからって桜子と名付けた親はふざけていたのだろうか。小学校の頃からどれだけからかわれたことか。

でも、そのおかげで、クラスで何かというと相談を受け、トラブルがあったらどっちもの言い分を聞いて仲裁したりする役回りになった。そして、気がついたら大人になってもつい、こうして「おせっかいスイッチ」が入ってしまう。結婚してからも遠山姓を名乗り続けていたのは、夫婦別姓の主張があるわけでもなんでもなく、案外この遠山桜子という名前とつきあってきた自分のことが、気に入ってるからに他ならなかった。

仕方ない。これも性分だ。

遠山桜子、明日いっちょう、洋介にガツンと言おう。

そうだ。今日行ってきた、函館のハッピーピエロの話をしよう。

自分の想い、価値観といってもいい。それを事業に込めたときに、周囲を巻き込む大きな力となる。

そして、その最初の原動力は、経営者自身の中にある想いしかない。

洋介に、もっと深く、もっと強く、自分の脳への問いかけをしてもらいたい。

どんな想いで、何をするのか。

自ら、本気で変わるために！

3 顧客をとことん活用する

そして、亜弓と会った、その翌日の昼下がり。

ランチの客も一段落し、数人の客が食後のコーヒーをゆったり飲んでいる「カフェ・ボトム」へ、桜子がやってきた。

来るなり、少し早口で言う。

「昨日の出張は面白かったわ。『お客様が喜ぶお店づくり』を目指してる会社なんだけど……」

「それってふつうじゃないですか？　うちだって、お客様の要望をいろいろ聞いてメニューを増やしたりしてますから」

「そうじゃないの」

と桜子はぴしゃりと言う。

「お客様が喜ぶ、といっても、一方的にお店がお客にサービスをするんじゃないの。その逆よ。**『お客様が喜んで、お店のためになることをしてくれる』関係性**なの」

「ええ？　そんなうまい話があるんですか？」

「函館にね、有名なハンバーガー屋さんがあるの」

「北海道への出張多いですね。たぶん僕そこ知ってますよ。ハッピーピエロじゃないですか？」

「やっぱり知ってる？　すごい知名度よね。函館市内だけに17店舗もあるのよ。北海道は面白い会社が多いわ」

「ハッピーピエロに行きたくて函館に行く観光客もいるくらいですからね」

洋介が北海道の学生だった頃から、ハッピーピエロは話題の店だった。年々人気が高まり、函館市内にたくさん店ができた。どの店も特徴があり、目玉メニューも違うので、あちこち回るのも楽しい。全店制覇、なんて強者も大勢いる。


「とにかく函館の人に愛されているのよ。巨大チェーンのMハンバーガーが初めて上陸してきた時にも一度撤退に追い込んだぐらい、すごい人気なの」

「函館でハンバーガーといえばハッピですからね」

「ハッピ?」

「地元ではみんな略してそう呼ぶんです。ハッピーピエロだから、ハッピ」

「へえ、そうなの。そういうところも人気を表しているわよね。よっぽど人気店じゃなきゃ略称なんてできないもの」

「そうですよね」

「看板商品のチャイニーズチキンバーガーは、年間30万食売れてるんですって」

「大量すぎて想像がつかないなあ」

「函館市の人口が28万人だから、観光客の利用がすごく多いのよね。函館市は、年間観光客数が約480万人だもの。人口の何倍もの観光客が訪れる、観光の町よ」

「でも、さっき桜子さんが言ってた『お客が喜んで、お店のためになることをしてくれる』って、どういうことですか」

「この店みたいに、コーヒー一杯で居座られて売上を落とされてるようじゃ駄目ってことよ」

お願いだからそれを大きな声で常連さんの前で言わないでほしい。ほら、こっちをチラッと見たじゃないか。洋介はヒヤヒヤする。今日の桜子はなんだかちょっと挑戦的だ。

「まあ、お客さんがハッピーピエロの『信者』になっている、という言い方が正しいかなあ」

「信者？　僕もハッピは好きですけど、でも『信者』かって聞かれるとそこまでは……」

「全員が全員じゃないわ。ハッピーピエロは、お客さんを区別してるのよ」

「区別？」

「そう、差別じゃないわよ、区別ね。ここの社長は、社員さんに『えこひいき』しようと教えているの」

「どんな『えこひいき』なんですか？」

「何度か来てくれるお客さんにサービスをしているお店は多いでしょ。でもハッピーピエロの社長はさらに深く考えたの。果たして、同じリピーターでも、年に数回来るお客様と、月に何回も来てくれる本当の常連のお客様に、同じサービスでいいものか」

「うーん、たしかに、しょっちゅう来てくれる人のほうを大事にしたいですね」

「そこで、ハッピーピエロは、お客さんを来てくれる頻度によって、4段階に『区別』したの」

「お店に来る頻度で4段階。……てことは、観光客だった僕はきっと一番下っ端ですね」

「そうね。誰でもお店にいったらまず『準団員証』がもらえるから、それはもらったはずよ。

それにハンコをためていくと、準団員から『正団員』に昇格する。これが4段階のうち下から二番め。正団員になるとポイントカードに変わって、利用金額に応じて、還元率が高くなっていくの」

「団員？　ですか？」

「ピエロだけに、サーカスの団員にたとえているのね」

「なるほど。うまいな」

「そして、さらにポイントを貯めると『スター団員』に昇格するのよ」

「スター団員！　かっこいい！　それが三番目の段階ですね」

「その時点でかなり高い頻度で来店している常連さんよね。でもさらにもっとポイントを獲得すると、ついに最高ランクの『スーパースター団員』に昇格して、なんと店長さんがわざわざお客様の自宅に感謝状を持って来てくれるの」

「スーパースターですか。もうサーカス団の花形というわけですね」

「そうね。いってみれば超優良顧客でもあるわ。スーパースター団員という称号は地元ではすっかり有名だから、常連さんは感謝状を心待ちにしているの。そして、お店に行くと店員さんが大きな声で『スーパースター団員の田中さん、ご来店ありがとうございます！』って挨拶してくれるのよ」

「うわー、名前呼ばれたら、恥ずかしいけど、でもちょっと嬉しいな」

「そうよね。お得意様のなかのお得意様、というステイタスを与えられるんだもの。現在では、各店舗ごとに約100人を超えるスーパースター団員がいて、全店あわせて3000人いるんですって」

「3000人のお得意様！　それはすごい！」

「そしてね、スーパースター団員さんは、ある『役割』を与えられるのよ。ど

図10 顧客を「えこひいき」する仕組み

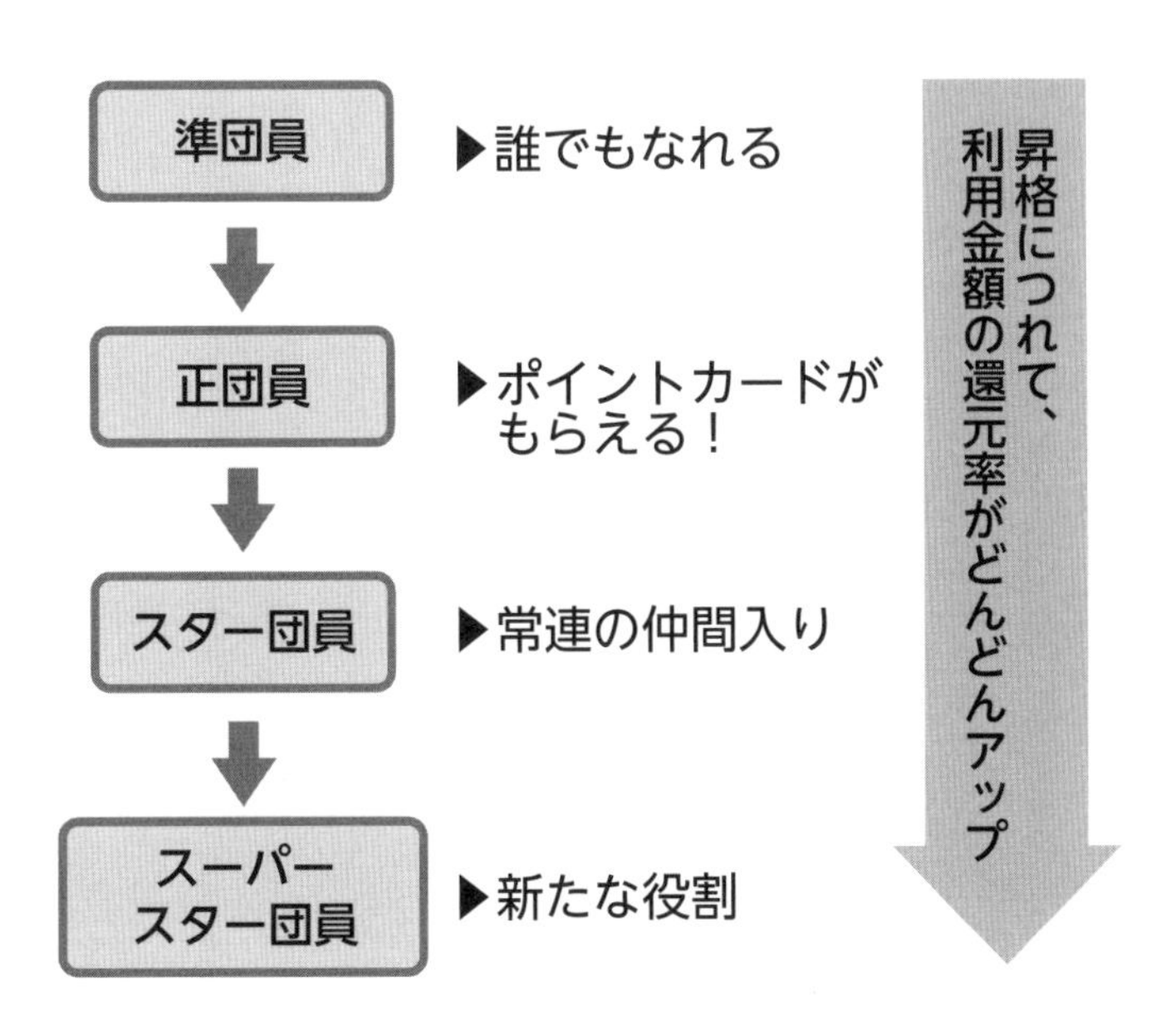

◉スーパースター団員になると……

試食会に参加し、新商品の開発に携わる。
新年会に参加し、生産者やスタッフと顔を合わせる。

んな役割だと思う？」

「なんだろう。検討もつかないです」

「まずね、ＭＹバーガーコンテストっていうのがあってね、ハンバーガーのアイディアを募集して、優秀作は商品化されるコンテストなの」

「へえ。それは楽しいですね」

「これは、スーパースター団員に限らず誰でも応募できるものなんだけど、商品化される前に、その作品を考案した人と、スーパースター団員さんだけが、試食会に参加できる。

『こんど発売予定の◯◯バーガー、３８０円で発売しようと思っていますがいかがでしょうか。ご意見お聞かせください』

と試食してもらう。甘すぎる、辛すぎる、ボリュームが少ない、値段が高すぎる、いやもっと高くてもいい、など意見を言ってもらい、それをしっかりヒアリングするのね」

「それは楽しそうな役割だなあ」

「そうよね。他のお客さんがまだ知らない新商品の開発に参加してるんだもの。嬉しいじゃない？

そして最後に、

『みなさんのご意見しっかりと考慮させていただき、○月×日に発売しますから、必ず皆さん食べていただいて、しっかり宣伝してくださいね』

といって、お土産をたっぷり持たされて帰るのよ」

「それは周囲に話したくなりますね」

「でしょう？　メニュー開発行ってきたんだよ、って人に自慢したり、ブログに書いたり、食べた画像をアップしたり。実際、ハッピーピエロをネット検索すると、そういうお客さんの感想が山ほどヒットするの。これが観光客にとってすごい情報源にもなっているわけ」

「なるほど。それが役割っていうことなんですね」

「こんなこともあったのよ。そうやってメニュー開発した『カニカニバーガー』が全く売れなくて、すぐ発売中止になってしまったの。そしたら、スーパースター団員さんを集めた会合のときに、社長がスピーチで『皆さんが美味しいって言うから発売したんですよ』って」

「あははは！」

「『今度からもっと真剣にお願いします』って」

「あはは！　お客さんにそんなこと言えるなんてすごいな」

「お客さんというより、もう身内よね。やらされてるんじゃなく、自分が楽しいから参加する、そこまで『信者』になってくれているのよ」

「なるほど。『えこひいき』っていうのは、常連さんを身内のように扱って、一緒に楽しむ仕掛けがたくさんあるってことなんですね！」

「そうなのよ。それからね、スーパースター団員さんはハッピーピエロの『新年感謝祭』、年の始めの新年会に呼ばれて、会社のスタッフや生産者さんたちと顔を合わせる機会もあるの。そこでハッピーピエロの社長さんはスーパースター団員さんに、こんな話もするそうよ。

『函館に観光客が沢山来てくれれば街はうるおう。ということは、我々函館市民のつとめは、観光客に、ああ函館ってあったかい街だな、いい人がいっぱいいる町だな、って思ってもらうことです。だから皆さん、観光のお客様を店内で見かけたら親切にしてあげましょう！』」

「あっ、そういえば僕、ハッピに行った時、お客さんすごく親切でした。20センチ以上もある巨大なハンバーガーを頼んだんですけど、大勢の人が『君ならできる！　写真とってあげる！　残さずにがんばって！』って声かけてくれて、盛り上げてくれましたよ！」

「函館ってあったかい街だな、って、思ったでしょ」

「思いましたよ！　みんなフレンドリーで、すごくいいところだなって」

「それがハッピーピエロがお客さんと一緒に目指す店づくりなのよね。

そして、その新年感謝祭ではこんな話もするそうよ。

『生産者の皆さん、あなた方のお客はハッピーピエロではなく、ここにいるお店のお客様ですよ。このお客様方の顔を思い浮かべながら美味しい野菜をつくってくださいね』

『そしてお客様、この方たちが美味しい食材をつくってくれていますから、無駄にしないように残さず食べてくださいね』」

「なんだかもうお客様というより、ハッピーピエロの一員として、『よし！がんばろう』、という気持ちになりますね」

「そうやって大事にされているスーパースター団員さんは、お店でテーブルを拭いてくれたり、清掃が少しでも行き届いていないところがあれば指摘したり、あの店員は研修を受けさせたほうがいいと進言もしてくれるんですって。清掃ボランティアや植樹など、お客さんと一緒に取り組んでるエコ活動もたくさんあって、まさに函館という街をお客さんと一緒につくっていっているという感じね」

「そこまでやるのは本当にすごいですね！」

ハッピーピエロの戦略にすっかり感心し、話に夢中になっていた洋介は、桜子がだんだん神妙な面持ちになっていることに、まったく気づかなかった。

「一緒に成長してるのよ……お店と、お客さんと、地域が。お客さんとの間に、本当に強いつながりがなければ、できないことだわ。大事なことは……」

「ホントですね‼　なるほど、お客を『信者化』すればいいのか！」

「……ちがうわ！　仕組みだけで簡単に信者なんてつくれるわけない」

急に言葉をさえぎられて、洋介は驚いた。

桜子さん……？

「結局はね、『想い』なのよ」

桜子が急に思ってもみない言葉を使った。

「想い？」

「そう。想い。

どんなに外側の仕組みをつくったって、常連さんをそこまで動かすものは何？

やっぱり、どういう想いで、どんな志で、その店をやっているのか、社長の口から聞けるから、その想いが伝わるから、よしそれは協力してやろうって、思ってくれるのよ。

『顧客と企業の共通の価値観』とも言い換えられるわ。その会社の価値観に共感するから、応援しよう、お客さんを紹介しよう、という気持ちになるものじゃない？」

想い、か……。洋介の心にその一言がずしりと響く。

「この前話したマグカップひとつをおとりに家を売る住宅会社もね、その住宅会社で家を新築したり、リフォームをした家の主婦たちに、ポスティングのパートをやってもらってるのよ。これも一種の顧客の活用ね。

でもみんな喜んでやっているのよ、この会社が好きだから。リフォームするならここで間違いないって、自分が満足しているから他の人に薦めたいって思うの。その会社と価値観が共有できているのね。

それに、ポスティングひとつにしてもその想いがこもっているほうが、ただ配るより絶対効果があるって私は思うわ。チラシ1枚にも想いって込められるものよ」

想い。

「洋介くんはどう?」

「えっ」

「この店をやることに、どんな想いがある?」

突然、自分が問いただされたことに洋介は驚きながらも、桜子が言わんとしていることがすでにわかったような気がした。いや、自分自身でずっと前から気づいていたのかも知れない。

「僕は……」

「ランチのカレーはそこそこ繁盛してる。でも原価率が高くて、回転率が低いから、いくらやっても儲からない。コーヒー一杯で居座る常連ばっかりなのは、きっと洋介くんの人柄がいいからね。居心地がいいのよ。それは悪いことじゃない。

でもこのままじゃ、売上貢献どころか新しいお客さんは入りにくいし、どんどん逃げていく。

これはさ、やっぱり、洋介くんがどういう想いで、何をやっているのか、今のお客さんに本当は伝わっていないからなんじゃないのかな」

「……」

「本当の意味で、お客さんとの関係が築けているとは言えないんじゃないのかしら」

ズバッと核心をつかれた。

「もっというと、何をやりたいか、洋介くんの中に本当の想いがそこまでないから、お客さんの心を動かせないんじゃないのかな」

頭をコンクリートで殴られたような気分だ。

「もし、洋介くんにそれほどの強い想いがあって、それが伝わったら、よしわかった頑張れよって、きっと常連さんも協力してくれる、そういうものよ。ピンチを助けてくれる人が必ずいてくれるはずよ。
儲けることは簡単だし、儲かる仕組みを持つかどうかだけなんだけれど、今の洋介くんの場合は、仕組み以前に、自分自身の中に原因があるんじゃないのかしら」

凍り付いたように何も言えずにいる洋介に、桜子は言った。

「今のままじゃ、あなた、何も変われないわ」

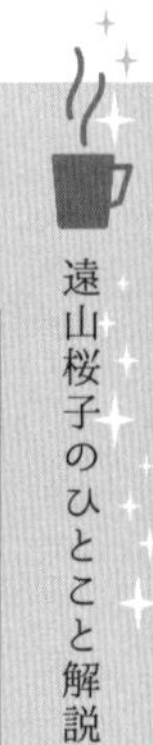

お客様をファンにして継続させる仕組み

洋介くんにキツイひとことを浴びせた直後ではありますが、ここでハッピーピエロのビジネスモデルをひも解いてみましょう。

これまでは「商品を継続して購入してもらう仕組み」について紹介してきました。

- はちみつ屋の「はちみつをおとりに高額商品を定期購入してもらう仕組み」
- 富良野のプリン屋の「頒布会で継続購入してもらう仕組み」
- マグカップ1個から住宅を売る「お客さんをジョウゴの中へ落とし込んでいく仕組み」

今回のハッピーピエロの話は、言ってみれば「お客様をファンにして関係を継続していく仕組み」です。

誰でももらえる準団員証からスタートし、ポイントをためると正団員に昇格します。そして来店が増えるごとに「スター団員」、「スーパースター団員」と、その呼び名も変わっていきます。昇格につれて利用金額の還元率が上がるだけでなく、スーパースター団員になると、店長さんが自宅に感謝状を持ってきたり、お店で名前を呼ばれて挨拶をされたりと、徹底的に「えこひいき」される仕組みがつくられているのです。そして、そのお客様から口コミが生まれるように、メニュー開発や、観光客への声がけといった、楽しい役割を与えているのです。

「継続」というキーワードは、商品だけに関わるものではありません。お客さんがずっと継続してファンになってくれたら、これ以上の武器はありません。お客さんをファンにして、ずっと卒業させない仕組み。これも、儲かるビジネスモデルをつくるうえで非常に大事なポイントなのです。

第6章

小さな会社が勝つ方法

1 洋介の決心

洋介は、あれから1週間、桜子に言われたことが頭から離れなかった。
初めはショックだったけれど、いろいろ考えるきっかけになった。
そして、桜子は自分に気づかせるために、あの日わざわざ店へ来て、厳しいことを言ってくれたのだという結論に達した。

なんて、ありがたいんだろう。

桜子がそこまで考えてくれていることが、心底ありがたかった。
ただ日々を必死にもがいていた自分の前にある日突然現れ、「儲けるなんて簡単よ」と言って、新しい視点をたくさん与えてくれた桜子。

その話を聞くたび洋介は心躍る気分だった。なるほど世の中の儲かる仕組みとはこうだったのかと知るたび、面白くて仕方なかった。やっぱり自分は商売が好きなのだと思った。

そして、次第に自分にもできるような気がしてきた。

でも、目の前にある現実はそう簡単には変わらない。

やろうとしても、今の自分のこの店で何をどう生かせば現状を変えられるのか、どうしたら自分も儲けることができるのか、見当がつかなかった。

そのはずだ。


「どんな想いがあるか」


桜子が自分に投げかけてくれた言葉を、もう一度振り返ってみる。

東京タワーの近くで店をやることが、なにか東京でひと旗あげたような気分でいたこと。

美味しいカレーを追求することに一生懸命であることが良いと思っていたが、経営という点ではまったく間違っていたこと。月々の支払いや生活維持のためにただひたすら長時間働き、自分も妻の亜弓もくたくたに疲れ、さらには亜弓を傷つけて、娘の果菜とも会えなくなってしまったこと。

そんな自分が、ここから抜け出せる自信が、本当のことをいえばなかった。そしていつしか店は、自分を圧迫するものでしかなくなり、ここから抜け出すことができない理由ばかりが、自分の頭で積みあがっていた。

想いなんてないじゃないか。

少なくとも開業当時には持っていた「東京で成功したい」という漠然とした想いさえ、すりきれてしまっている。

桜子が洋介のもとに現れたとき、

「自分はすごいヤツ、できるヤツ、って、思わなきゃ！」

と言ってくれたことを思い出す。

「継続」というキーワードが、頭をよぎる。

「あきらめないで、自分には無理だなんて思わないで、考え続けるの。人はどれだけ悩んでも答えは出せないけど、ちゃんと考えた人には必ず答えは出るから。脳にいい問いかけをし続けていれば、脳はちゃんと答えを出そうとするのよ」

あの言葉を聞いたときの、目の前に道がぱあっと開けたような感覚。

なぜ忘れていたのだろう。そうだったじゃないか。まず自分にもできると信じること。そしてあきらめずに、自分に問いかけ続けること。

少なくとも開業当時の自分には、根拠のない自信があった。そういう意味ではあの頃のほうがまだマシだったかもしれない。でも儲け方を知らなかった。意欲だけ空回りしても駄目なのだ。

でも今の自分は違う。桜子が「儲ける仕組み」を教えてくれた。

できる！　自分にも必ずできる！

洋介は、変わろうと決めた。変わることが桜子への恩返しになる、そんな気持ちも生まれていた。

成功したら自信を取り戻せるかもしれないと漠然と思っていたが、おそらくそうではないのだ。まず「自分を信じる」こと、それが自信なのだ。

これまで、自信がついたら、成功したら……と思うたびに妻の亜弓と娘の果菜の顔が浮かんできていた。3人で笑い合う情景がぼんやりと浮かんでは消え、まるで叶わぬ夢のようであった。

もうそんな寂しい空想はやめよう。
自分は絶対に、望む幸せを手にいれることができる。そう信じよう。
亜弓のために、果菜のために、必ず変わろう。

2 ナンバーワン戦略で急成長をめざす

翌日の午後。

日曜日だったが、「カフェ・ボトム」はいつものように空いていた。そして、いつものように桜子の姿があった。

桜子は、洋介と向き合ってカウンターに座り、話をしていた。話題は白熱した。洋介は真剣そのものだ。


桜子はうれしかった。


洋介が、昨日の自分の問いかけを受け止め、考え、気づきを導き出したことを、すばらしいと思った。なかなかできることではない。

この素直さが、洋介の最大の長所だと思う。そして素直さは、成功者の大事な要素のひとつだ。

今日から本気で店を変えたい。そういう洋介に桜子は話し始めた。

「いい？　小さな会社でも勝つことはできるのよ。勉強ばかりしている経営者がいるけど、私はそれは良いとは思わない。いくつかの勝ち方を覚えたら、まず結果を出すことが大事なの。実践してこその知識よ」

「ハイ。もう僕は桜子さんの話を、ただ聞いて勉強になったなーと思って終わるのは止めました。ガッチリ吸収して実践します」

「まず、経営のスタート時はね、利益を残すことが大事なの。利益が出ないビジネスをしていると、ジリ貧になってしまうから。たとえば、3年で年商100億円になったバリオ開発という会社の話だけど」

「100億！　それはいきなり……」

洋介はひるみかけると、桜子がそれを遮った。

「問題は売上が100億かどうかじゃなくて、どういう勝ち方をしたかということ。そこを盗むの。いい？　大事なのは、売上より利益よ。自分には無理だ、関係ない、と思ったらダメ」

「そうですね、そうでした」

苦笑いする洋介。自分ができると信じること。そうだそれだ。

「このバリオ開発は今、北関東で介護施設シェアナンバーワンを取っているわ」

「介護ビジネスは今急成長ですよね」

「そのとおりよ。でも、だからこそ今みんなが参入してきているから、激戦地。その中で勝つのはむしろ大変なことなのよ。

バリオ開発は、母体は東京で不動産業をしているんだけど、茨城県のある介護施設を3店舗買収したの。それを3年間で33店舗にまで増やして、年商100億までもっていったのよ」

「そんな短期間にですか」

「ええ。なぜそんな急成長ができたのか。簡単に言ってしまうと、社長が数字にずば抜けて強くて、投資に長けていたことがあるのだけど。でも、やっぱり何といっても『ナンバーワン戦略』ね」

「ナンバーワン戦略？」

「そう。その名のとおり、ナンバーワン、一番になるための戦略よ」

「一番って、なんの一番ですか？　さっき言ってた、その、北関東でシェアナンバーワンっていうことですか」

「そうね、バリオ開発は、まず北関東でシェアナンバーワンを獲ることを決めた。そして獲りにいったのよ。なんとなくやっていて、いつの間にか店が一番多くなっていましたって話じゃないの。ちゃんと戦略があるのよ」

「戦略か……。どういうことなんですか？」

「OK。じゃあ、ひとつひとつ説明するわね。まずバリオ開発は、茨城の介護施設を買収した後、同じ北関東にエリアを限定して徹底的に出店させていったの。これを『ドミナント戦略』っていうのよ」

「ドミナントってなんですか？」

「ああ。単語の意味は『支配的な』とか『優位に立つ』とかね。つまり『店舗数で地域ナンバーワン』になってその地域で優位に立つことを目指す、というドミナント戦略よ」

「へえー」

「ちなみにハッピーピエロもドミナント戦略ね、函館にエリアを絞って出店しているのも『函館で一番』という地位をまず築くことを目指したからこそよ」

「一番になれば、それだけ評判になりますしね」

「そうね、メディアにも取り上げられやすいわ。何にしても『ナンバーワン』というのは。

北海道でナンバーワンといえば『セイコーマート』というコンビニが有名なんだけれど、知ってる？」

「知ってます。北海道ではどこにでもありますよ」

「セイコーマートは日本全国での店舗数では業界第7位だけれども、北海道内シェアはダントツのトップ。満足度調査では2011年から全国でも4年連続トップよ」

「コンビニなのに特売チラシが新聞折り込みで入ってたりして、なんていうか、近所の個人商店みたいなあったかい感じがするんですよね」

「ホットシェフというお惣菜コーナーが充実していて、レンジであっためるんじゃなく、ほんとにつくり立ての温かいおかずが並んでいたりするわよね」

図11 セイコーマートのドミナント戦略

ドミナント戦略

ある地域に集中的に出店し、
「地域ナンバーワン」になる。

この地域でナンバーワン

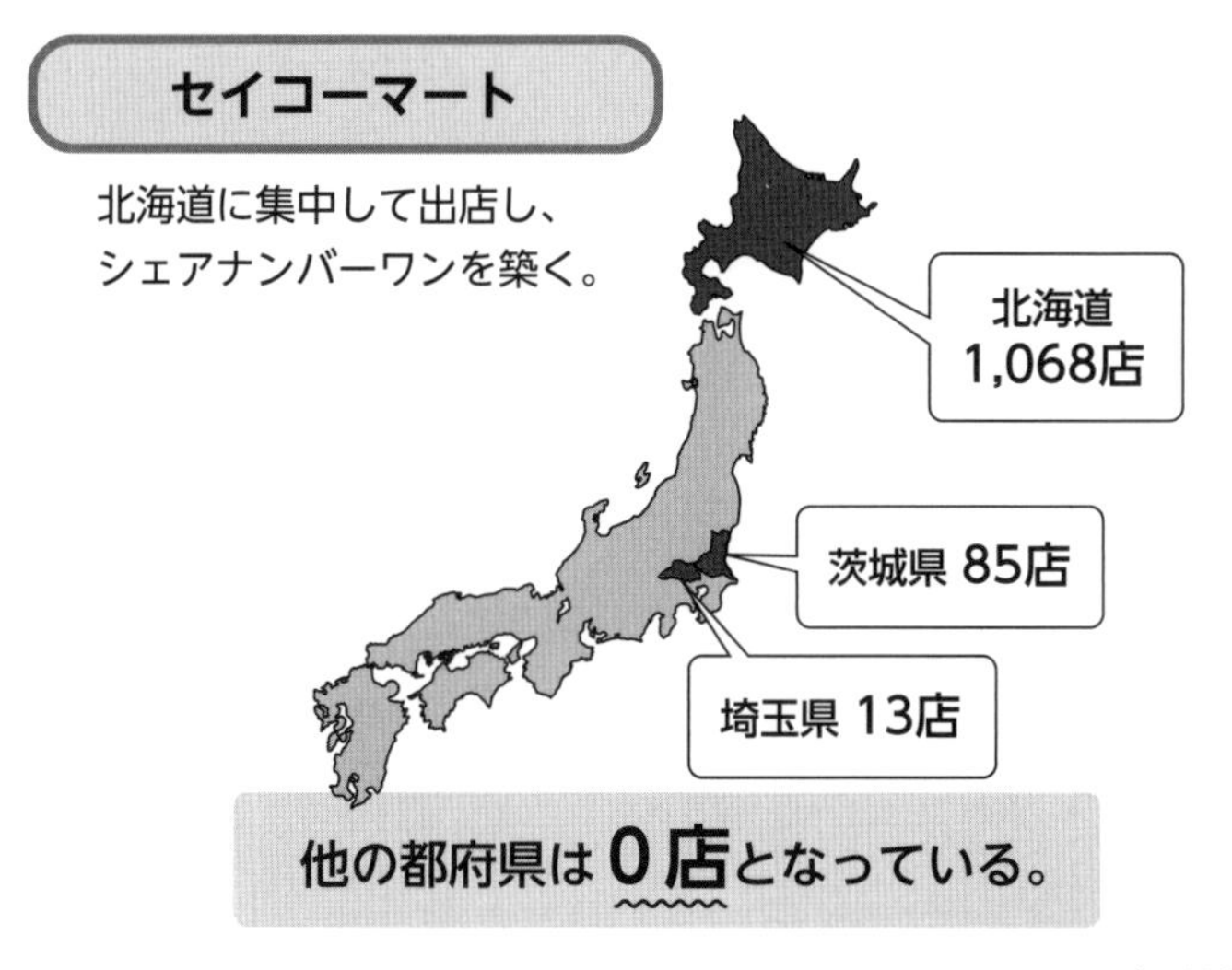

2015年6月末現在

「そうです。とにかく地元で愛されてますよ、セコマは」

「セコマっていうの？」

「そうです。北海道の人はみんなそう言いますよ。ニックネームがあるのは、愛されてる証拠ですよね」

洋介はニッコリした。

「でも、他のコンビニに比べたら、ちょっと非効率に見えるのよね。しかも24時間営業じゃない店舗も多い。でも実は他のコンビニよりも利益率が高いのよ。どうしてだと思う？」

「利益率が高いといわれいてるセブン-イレブンやローソンよりも儲かってるってことですか？　どうしてだろう？」

「実は、第1号店が誕生したのは1971年、なんとセブン-イレブン1号店より早いのね。そして最初から酒販店からの転業に集中して展開してきたので『お酒を置く』店が昔からほとんどだったの」

「コンビニでお酒がどこでも買えるようになったのは、ここ数年ですよね」

「そう、それがセイコーマートならお酒も買えるということで、最初のアドバンテージをとった。さらに、北海道内で集中出店してきたので、他の商品も独自の物流基盤を確立してきているのよ」

「それもドミナント戦略だ」

「そう。地域でのナンバーワンシェアをとり、物流を確立して的確なマーケティングをすることで、高い利益を出しているのね。**どんな業態でも地域で一番をとれば利益は取りやすいの。2番手じゃそこそこ、3番手になったら苦しい、**そういうものよ」

「地域で一番になる……」

「それも別にもともといる場所にこだわる必要はないのよ。ハッピーピエロの社長ももともと函館出身じゃなく、神戸出身だし」

「えっ！　そうなんですか？　あれほど函館を盛り上げているのに」

「あら、地元出身かどうかなんていうこだわりは、案外必要がないわよ。茨城県の介護施設も本社は東京だけど、たまたま最初に買収した施設が茨城だったから、そのエリア周辺でシェアを広げることにした。そうそう、プリン屋さんだって富良野をわざわざ選んで開業したわよね。

釣り人は移動するのよ。魚がいる所に行って釣り糸をたらせばいいの」

「魚がいる所に……移動する……」

なんだか洋介は、とても大きなヒントをもらった気がした。

3 大手と「戦わずに勝つため」の差別化

「じゃあ、地域で一番になるのが、ナンバーワン戦略ってことなんですか？」

「それは違うわね。ドミナント戦略で地域を絞りこむのは大事な要素だけど、ナンバーワン戦略の中のひとつの手段、と言ったほうがいいかな」

「ひとつの手段……。他には？　じゃあ他にはどんな手段があるんですか？」

「たとえば、ターゲットの差別化よ」

「差別化？」

「またバリオ開発を例にとってみるわね。

実は、バリオ開発の介護施設は、茨城県のなかで一番価格が安いの。もし他のどこかが安くしたら、さらにもっと安くする。常に業界最安値を貫いているのよ」

「やっぱり低価格競争なんですね」

「一概には言えないわ。でもこの場合は、低価格は戦略のカギになっているわね。

バリオ開発の社長が介護施設を買収した頃は、まだ高級老人ホームばかりで、普通の人が入れるような施設はなかったわ。でも、本当にサービスが必要な人は、家族が共働きしているような家庭の人たちでしょ。家族が面倒をみたくてもみられないのが現状よ」

「確かにそうですね」

「そして、これからは生活保護を受けているような人だって介護施設を活用する時代が来る、この先かならず『低価格』というニーズがある、と社長は読んだのよ。つまり、ターゲットをこれまでの高級老人ホームに入れるような富裕層から、ごく一般の共働き家庭に変えたのね」

「ターゲットを一般家庭に……」

「そしてこれから、この動きは急速に高まるだろうと見込んだ。だから、最初から早いスピードで地域シェアを取ることを選択したのよ。そして数字にずば抜けて強い社長が才能を発揮して、すごいスピードで出店を進めた。そしてシェアナンバーワンを土台に、最安値でサービスを提供しようと決めたのよ」

「シェアナンバーワンを、土台に……？」

「わかる？　つまり、シェアナンバーワンを獲ることが目的じゃないのよ。ナンバーワンになるための土台固めとして、まずドミナント戦略で地域店舗数で一番になり、そのフィールドで最安値で勝負に出た。そういうことよ」

「なるほど。戦略っていう意味がわかってきました。全部、始めから作戦なんですね」

「そう。ビジネスは作戦よ。だから面白いんじゃない」

「でも、待ってください。価格を安くしたら、1店舗あたりの利益率は少なくなっちゃいますよね」

「そう。だけど、店舗の数が多ければ、『利益の額』はあるでしょ」

「そうか。ただ安くしているわけじゃないんだ」

「低価格っていうと、とにかく何でも安く、というイメージがあるかもしれないけれど、要はスピードとの組み合わせなのよね。早いスピードである程度の数があれば、安い価格でも利益は出せる。

そして、もっというと、シェアを取ることによって、その地域の価格を自分でリードしていくこともできるの。たとえば飲食店だったら、良い材料を使いつつも価格は高くしすぎないところで落ち着かせる。ハッピーピエロのハンバーガーもそうよ。いい材料は使ってるけど、決して高すぎない。チャイニーズチキンバーガー３５０円、絶妙よね。そしてそれが受け入れられるのは、やっぱり地域ナンバーワンシェアで、函館という同一エリアに17店舗もあるからこそよ」

「そうか、つけたい値段をつけられる立場に立てる、ってことなんですね」

「そう！　そうよ！　それがもう一つの成長戦略『コストリーダー』というわけ。すごい、わかってきてるじゃない」

「そうですか?」

「価格のつけ方というのも、わかった?」

「うーん、価格も大事だけれど、利益をどこでどう出すかということが重要なんだと思います」

「すごい！　ものすごく進化してるわよ。じゃあ、そのほかの戦略としての『差別化』をどうしていると思う？　その介護施設の場合」

「うーん。さっき言っていたターゲットの差別化以外にもあるんですね。すごい戦略なんだろうなあ、きっと」

「これはね、ちょっと難しい話かもしれないけど、バリオ開発の施設のほとんどが、ベッドが30床程度という中小規模なの。一般的な介護施設のベッド数は60～80床だから、だいたい平均の半分以下の規模ね」

「それがどうして差別化になるんですか？」

「30床という規模に特化したことで、厳しい規制や条件のクリアの仕方から、運営方法まで、その規模で経営するノウハウを集中的に蓄積したのよ。結果的にサービスのレベルも上がって、急速に進化していってる。それが『あの施設はサービスが良い』という差別化に繋がったというわけ」

「なるほど。でも、介護施設ってやってることはどこもだいたい同じことですよね。『サービスの良さ』で差別化できるんですか？」

「もちろんよ。でも、その良いサービスを実現してくれるのは、誰か？ 従業員よね。店舗数を急速に拡大しても、そこで働いてくれる人がいなければいけない。しかも、質の良い人材をたくさん採用したいわよね」

「そうですね。たくさん施設を建てても、働く人がいなきゃ困りますよね」

「そこでね、バリオ開発は地域で一番高い給料を出したの」

「うわ。バリオ開発の社長って、なんだか肝が据わってますね！」

「確かに度胸もあるわね。でも**大事なのは「調達・投資・回収」の考え方が優れている点よ。**銀行から借り入れをして、どこまで投資をして、どこまで店舗を拡大した時点でそれが回収できるかという計算をとても緻密にしてあるのよ。

一番最初に洋介くんに会ったときに話した、経費と利益の話、覚えてる？あれと一緒の考え方よ。やみくもに太っ腹で高い給料を出してるわけじゃないわ」

「なるほど……。僕なら勢いでカッコつけてやってしまいそうです」

「アハハ、それじゃ駄目ね」

「ですね」

洋介も苦笑する。

「バリオ開発の給料は一番高い。同じ介護サービスの仕事をするなら、給料がいいところで誰でも働きたいわよね。だから求人応募数が多い中から良い人材を選んで採用できるし、給料が良いから辞めない。だから順調に新しい店舗もつくっていけて、シェアナンバーワンに早く到達できたのよ」

「そうか、それが他社の『参入障壁』になるんだ！」

「そのとおり！　後からそこでやろうとしても、もう一番高い給料で、一番店舗数が多いところがあるなら、もうそこには店は出せないわ。出しても成功の確率が低いから。

そして今この会社は、事業をフランチャイズ化することを始めているわ」

4 フランチャイズの仕組みを「絆」として使う

「フランチャイズですか」

「そうよ」

「あのーう」

「何？」

「実は僕、今さら人に聞けないんですけど、フランチャイズっていう仕組みがよくわかってないんですよね。プロ野球のフランチャイズ制なら知ってるんですけど……カープなら広島とか、楽天は仙台とか……」

「それとは違うわよ」

「ですよね。よくチェーン店に『フランチャイズ加盟店募集』とかチラシ貼ってあるじゃないですか。だからなんとなくわかった気でいたんですけど、実はよく知らないです」

「そうかあー。まあ、関わりがないと知らないものかもしれないわね。いいわ、説明する！」

「すみません」

「フランチャイズっていうのはね、たとえば……そうね、この『カフェ・ボトム』をフランチャイズ化するとしましょう。洋介くんは、フランチャイズ本部を設立する」

「フランチャイズ本部ですか……」

「そう。あ、でも、実際には自分のビジネスをフランチャイズ化する店っていうのは、ちょっとやそっと儲かっているぐらいじゃ無理よ。ましてや、この店じゃ……」

「それはもうわかってますから……。それで？」

「とにかく、**フランチャイズ本部には、その事業が儲かる『圧勝のノウハウ』がある**こと。抜群の商品力だったり、他には真似できない売り方だったり、言ってみれば『儲かるビジネスモデル』の一式がパッケージで揃っている、ということね。

そして、本部は、加盟店を募るの。加盟する会社は、本部から、メニューや看板、運営ノウハウ、教育システムなどを提供してもらい、かわりに加盟金とロイヤリティを支払う。これがフランチャイズの仕組みよ」

「ロイヤリティって何ですか？」

「特定の権利を利用する際に、権利を持つものに支払う対価のことよ。売上の5％とか、加盟店が儲けに応じて本部に支払うの」

「じゃあ、同じ看板のお店でも、経営者はそれぞれ違うってことですね」

「そういうことよ。フランチャイズ本部側としては、直営店を一店ずつ出していくよりも、一気に店舗数を拡大できるというメリットがある。それはなぜだかわかる？　出店費用も、採用費も、給料も、すべて加盟店側が払うからよ。

一方加盟店側からみたら、イチから新しい店を立ち上げるのではなく、成功事例に乗っかってビジネスが最初からできるわけ。つまり、すでに儲かっているノウハウをお金で買う、っていう説明がわかりやすいかな」

「わかりやすいです！」

「自分で事業を始めるより、成功するスピードや確率を上げることができるから、いいフランチャイズを選べばうまくいく可能性は高いわ」

「へえ。じゃあ、フランチャイズに加盟すると、けっこう儲かる可能性が高いってことですか？」

「そんなに簡単ではないわね、実際は。本部には本来、加盟店をしっかりと儲けさせる責任があると私は思うのだけど、実際そうなってない本部が多い。どこで誰が経営しても儲かるぐらいの精度の高いノウハウじゃないと、加盟店側の事情によって品質にバラツキが出てしまって、ノウハウとはいえないほどいい加減な会社がフランチャイズ本部をやっているケースも多いのよね。残念なことに。

他にも、本部だけが儲かるような偏った仕組みになっている場合もあるわ」

「フランチャイズ本部っていうのはやっぱり儲かるものなんですか？」

「うまくいけばね。加盟店も儲かり、本部も儲かるWIN-WINの関係が築ければば。でも、大きな問題があるの。加盟店は本部からノウハウを学んで、店舗を運営しているじゃない？　そのうち、卒業したくなっちゃうのよ」

「卒業？」

「そう。ノウハウだけ吸い取ったら、あとは自分で独自に経営したほうがロイヤリティを払わなくていいからと、数年で脱退しちゃうケースも多いのよ。だからフランチャイズ本部っていうのは、加盟を継続させて卒業させない仕組みをつくっておかなくてはならないわ」

「なるほど。店が儲かるノウハウだけじゃなく、本部と加盟店との関係づくりのうえでも、いろいろとノウハウが必要なんですね」

「そう。なんといっても、想いが大事よ。**成功しているフランチャイズビジネスは、本部と加盟店が共通の価値観やすばらしい絆で結ばれているわ**」

図12 フランチャイズの仕組み

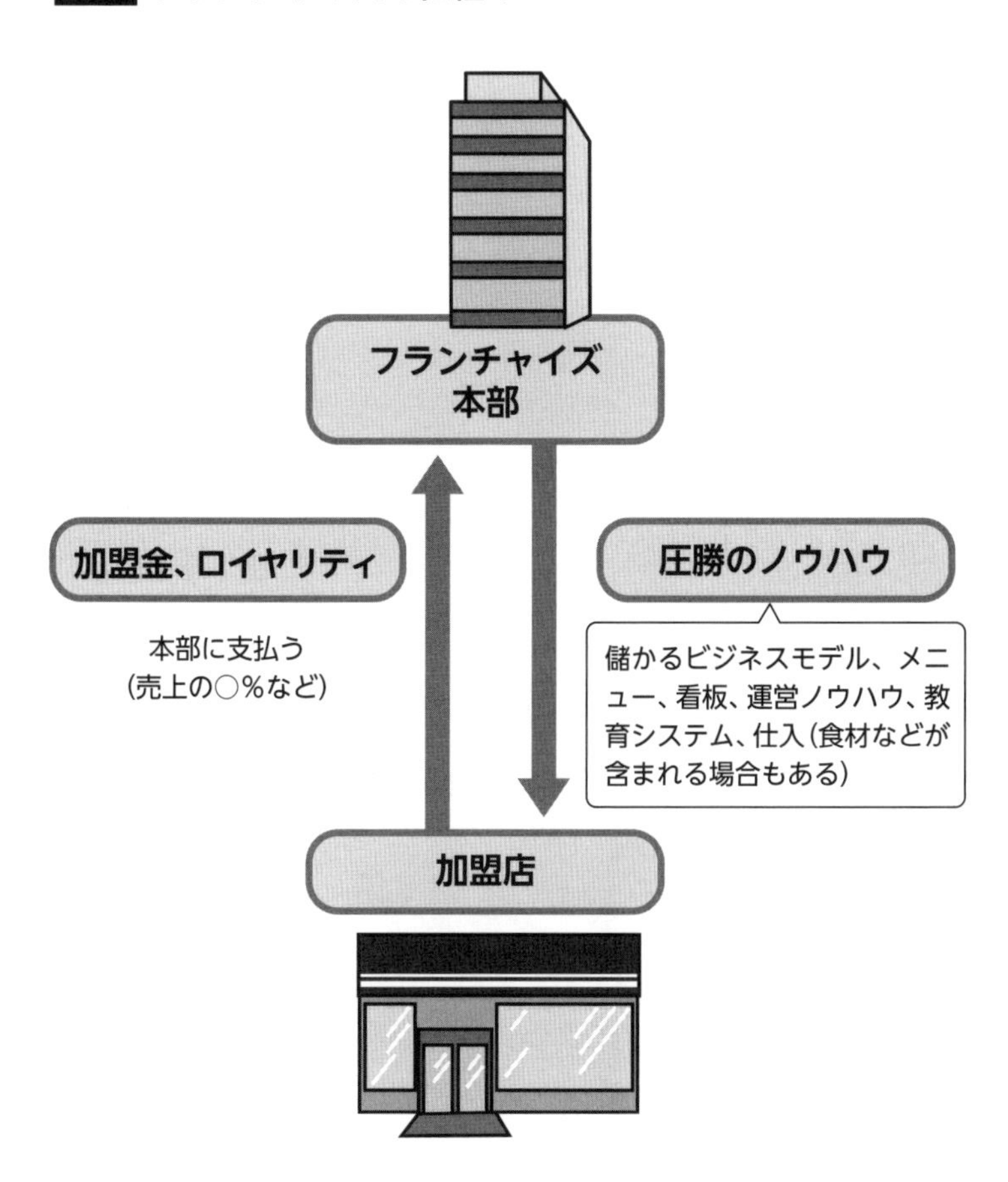

「なるほど……。それでバリオ開発は、自分のところの介護施設をフランチャイズ化して、想いを共にできる加盟店を募集しているというわけですね？」

「介護事業は今後も拡大するビジネスだから、競合は今後もたくさん出てくる。シェアを奪い合うよりも、フランチャイズ契約を結んで、採用や価格の面で『敵をつくらない』ことで、さらに参入障壁を強くしているのよ」

「すごいなあ」

「このバリオ開発の話で言えることはね、小さい会社には、小さい会社の勝ち方があるということなのよ。

ヒントとしては『何かで一番になる』というのが重要ね。そんな大げさなことではなくても、何でもいいのよ、たとえば、地域とか、人気のメニューとか。千葉県の中で一番女性が多いトラック運送会社、地域で一番給料が高い学習塾、地域で一番トイレの数が多い店……なんでもいいから何かナンバーワンになる」

「ナンバーワンか……」

「そう、それができたら、どんなに小さくても勝つことができる。徹底して実践するのよ。そして、ナンバーワンをつくり続けることね。いっぱい増やすの、ナンバーワンを。そしたら必ず成果は出るわ」

「……僕も考えてみます。自分の店のこと」

洋介は真面目な面持ちで言った。

5 洋介の「武器」と、ゆずれない「想い」

「私は」

桜子が、ゆっくりと洋介の目を見て言った。

「やっぱり洋介くんの武器は、スープカレーだと思うわ」

儲からない店だといつも言っていた桜子が、自分のカレーをほめてくれている。それだけで洋介は言いようのない気持ちが沸き上がってきた。

「だって間違いなく美味しい。全国各地でたくさん美味しいものを食べてきている私が言うんだから間違いないわ。ナンバーワンよ」

「ありがとうございます……」

なんだか、涙腺がゆるんでくるじゃないか。

「なんで私が、この店に何度も来たくなるのか。なんでこんなに経営のことアドバイスしたり、なんでおせっかいしちゃうのか……。

それはやっぱり洋介くんにがんばってもらいたいから。だって、もったいないもの。こんなに美味しいスープカレー、流行らせなくてどうするのって思う」

「ありがとう、ございます……」

「何を置いても譲れないのは、カレーの味なんでしょ。美味しいカレーを食べてもらって、お客様を喜ばせたいんでしょ。お客様に笑顔になってもらうこと、儲からなくても、それだけはやりたいと思ってきたんでしょ。ちゃんと、そこに『想い』があるじゃない。だったらそれを実らせるのよ」

「はい……はい……」

洋介はうれしさに満ちあふれていた。

自分にはちゃんと「想い」があった。

人生かけてでもやりたいことがあった。

それは、このスープカレーを多くのお客さんに食べてもらって、喜んでもらうことだ。

このスープカレーで、お客さんを元気にしたい。

いや、このスープカレーで、日本を、世界を、元気にしたい。そのぐらいの想いなら、ある！

「そのために『儲かる仕組み』があるのよ」

「はい。僕、がんばって儲けます！　必ず！」

その真剣な空気に急に照れたのか、桜子が笑いながら言った。

「ベタだけど、いい話をするわ」

「えっ」

「儲けるって信じる者って書くでしょう？　儲けることを悪いことのように言う人がいるけど、それは違う。信者、つまり、ファンをつくるってことなの」

「信者……ファン……」

「自分の想いを形にして、信者を増やしていくことなのよ。儲けなければ事業を継続することはできない、継続しなければ想いも形にできないわよ。だから儲けるの。ね、簡単なことでしょ？」

「桜子さん……」

「人儲けは金儲け。金儲けは人儲けなの。

あなたも男だったら歴史に名を残すぐらいのことやってよ。じゃないと、お腹を痛めて産んでくれたあなたのお母さんに失礼よ」

そう言って桜子はニッコリ微笑んだ。母のように包み込む、優しい笑顔だった。

今日のことは一生忘れないだろうな、と洋介が思ったその時、店のドアが開いた。

「いらっしゃいませ。あ……」

そこには亜弓と娘の果菜が立っていた。

すぐに言葉の出ない洋介に、桜子が明るく言う。

「私が呼んだの。車を持ってくるから、今日はもう閉店してこれからドライブにでも行かない？」

6

江ノ島にて

桜子は、果菜と二人で砂浜を歩いていた。

海沿いを走っていると、車を降りて海へ行きたいと、幼い果菜が桜子にせがんだのだ。じゃあ、私が果菜ちゃん連れて行ってくるから待っててと、車内に洋介と亜弓を残し、桜子は車を降りた。

小学2年生でもこういう名アシストができるものだろうか。桜子は感心する。

果菜の粋なはからいで、両親は今、久しぶりに二人きりで話す時間ができている。

潮風で果菜のやわらかな髪が揺れる。遠くに見える江ノ島を指さして、果菜が言う。

「あの島に、何があるの?」

「たしか神社と展望台があったと思う。あの橋を歩いて渡っていけるのよ」

「へえー。今度、パパとママと、行ってみたいな」

果菜も、この時間を、祈るように過ごしているのだ。

桜子は道沿いに停まっている車へ目をやる。車内の様子は見えない。
洋介は、ちゃんと、亜弓さんに気持ちを伝えているだろうか。
嫌いになって別居したわけじゃない、むしろ今も互いを愛しているのだから、
娘の果菜ちゃんのためにも……。

その時、不意に車のドアが開いた。

亜弓が降りてこっちへ大きく手を振っている。

「果菜ー!」


その顔は、晴れやかに笑っていた。

母の笑顔に果菜が何かを感じ取ったのか、途端に笑顔になり、母親のほうへ砂浜を走って戻っていく。

「ママー！」

やがて、車から洋介も降りてきて、手を大きく振った。

「果菜ー！」

洋介の顔にも満面の笑みがあった。

「パパー！」

「果菜ー！」

大きな声で呼びかけながら、両手をいっぱいに広げて洋介が叫ぶ。その洋介を、微笑みながら見つめる亜弓。

二人はもう大丈夫だ。桜子にもそれがわかった。

桜子もたまらなくうれしい気持ちで、果菜の後に続いて、海に背を向けて砂浜を車へと戻り始めた。

その時。砂浜が途切れてアスファルトの道路へと一段のぼる石段で、急に果菜がしゃがみこんだ。

転んだのか？　と、洋介と亜弓があわてて駆け寄る。だが、果菜は元気に立ち上がり、道端に咲いていた白く小さな花を手にしていた。

そして、その花を洋介に渡した。

「パパにくれるのか？」

洋介が花を受け取りながらうれしそうに言うと、

「違うよ」

と果菜は、洋介の耳元に近づいた。

「これをプレゼントして、ママとちゃんと仲直りしてね」

遠山桜子のひとこと解説

小さな会社が勝つための戦略は、こう立てる

バリオ開発がとった「勝つための戦略」は、このようなものでした。

- ドミナント戦略
- ターゲットの差別化
- 地域で最安値
- 大手がマネしづらい小さな施設
- 地域で一番高い給与

ここには、小さな会社でもナンバーワンになれるノウハウがギッシリ詰まっています。

ナンバーワンというのは難しく思えるかもしれませんが、大企業と戦わずして、生き残っていくためには必要な経営戦略だと思います。5章でご紹介したハンバーガー店、ハッピーピエロも、函館だけでお店を展開するドミナント戦略を実行していましたね。

バリオ開発が地域ナンバーワンを取った介護の業界は、少子高齢化の波もあって、大企業から小さい会社まで虎視眈々と参入を狙っている競争の激しい世界です。しかし、そこで生き残るために、この会社は地域に選択・集中し、シェアナンバーワンをとったうえで価格決定権をリード、そして小さな施設で差別化し、どこよりも高い給与で参入障壁をつくったのです。

この会社の社長は、経営戦略として言われていることを忠実に実行したともいえます。

知識として学んだ経営戦略を、本当に実行に移していくことは、なかなか大変なことです。でも、実践するための知識なのに、学んで終わりでは明るい明日はやってきません。

洋介くんは、私と出会ってたくさんの知識を得ました。ここから実践にどう移していくのかが彼の正念場ですね。奥さんとも和解し、娘の果菜ちゃんも嬉しそうな笑顔を見せてくれました。家族の輪がエネルギーをきっととくれるでしょう。洋介くんの人生にも、大輪の花が咲きますように。

最終章

「儲けるなんて、簡単よ」

1 スープカレー前芝商店

春の朝。

桜子はいつものように、オフィスに出勤して、経済新聞に目を通す。すると、ある記事が目に飛び込んできた。

「スープカレー前芝商店の快進撃！　北海道グルメオブザイヤー受賞！」

洋介が「カフェ・ボトム」を閉店し、亜弓と果菜とともに北海道へ帰ってから、もうすぐ3年になろうとしていた。

桜子は、洋介との対話の日々を思い出していた。

北海道に帰ってからの洋介は、桜子に教わったことを着実に実践していることを、桜子は知っている。

洋介はまず、札幌の町はずれにボロボロの古民家を借り、「スープカレー前芝商店」をオープンさせた。

なぜボロ屋なのか。それはお金がないのでムリもない……。ところが、なんとこの店のボロさが逆に人目を引いたのだ。

「ものすごくボロいけど、ものすごくウマい」

とにもかくにも「店のオンボロさではナンバーワン」という評判が、まずテレビを惹き付けた。

「なんでもいいからナンバーワンをつくるのよ」

と言った桜子の言葉を忠実に実行してのことだろうか？

それともお金がなくてそこしか借りられなかったのが、幸運に転じた？

どっちでもいい。運も実力のうちだ。とにかく幸運の女神は、洋介に味方した。

激戦区の札幌での出店だったが、新しいスープカレー屋ができたとなれば、ご当地グルメに感度の高い市民は放っておかない。

海老でだしをとった特製スープが、大きな特徴だった。野菜や肉がごろごろと入っている近年のスープカレーのスタイルも、前芝商店が流れをつくったといってもいい。

前芝商店のスープカレーの評判は瞬く間に広がった。そして、わざわざ車で遠出してでも行く価値のある店として、駐車場に列をつくらせた。

「最大8時間待ち」

その評判が、また新たな行列をつくり、人の流れを途切らせなかった。

夫婦で切り盛りしていた店は、瞬く間に大繁盛店となった。

そして、行列に並んでやっとの思いで食べたスープカレーの味を、多くの客がブログにアップした。それを見た観光客が「札幌へ行ったらスープカレー前芝商店に行こう」と、わざわざ車や電車で、訪れるようにもなった。店はますます繁盛した。

「釣り人は、魚が釣れる所へ移動する」

そう話したことを、彼は覚えていた。

スープカレーを武器に、洋介が選んだのは、あえてご当地グルメの激戦地、札幌だった。スープカレーを知らない人の街ではなく、スープカレーを知り尽くした人たちの住む街を選んだのだ。

しかし、ただの後発店なら、他に埋もれてしまっていたかもしれない。しかし、洋介は味に絶対の自信があったのだろう。味はあの頃から間違いなかった。特に海老のスープは本当に絶品だった。

そしてさらに洋介は「北海道の素材」に徹底的にこだわり、それをアピールする戦略に出た。北海道内の農家をまわり、自分の目と舌で野菜や肉を確かめ、納得のいく素材だけを仕入れた。生産者は、前芝商店に選ばれることを誇りに思うらしい。それほどまでに影響力のある店となったのだ。

当然、それなりの価格が設定されている。でも、前芝商店のスープカレーが他店より100円高いからといって、不満に思う客はいない。すでに地元での「コストリーダー」の地位を獲得しているのだ。原価の計算も今では上手になっていることだろう。

前芝商店といえば、もはや、北海道の代表的なスープカレー屋になっていた。頻繁にメディアに登場し、地元の人々からも大いに愛されている。北海道グルメオブザイヤーを受賞したと、新聞記事にはあるが、納得の評価だった。

直営店は札幌の2店舗のほかに、旭川、函館の計4店舗。また、フランチャイズ本部を立ち上げ、北海道内にも8店舗を出店している。全部で12店舗、これは立派なドミナント戦略だ。

しかも、これだけの店舗数を「古民家を改装」「不便な場所」という最初の店舗のテイストで統一している。店のボロさは、もはや前芝商店のキャラクターとなっていた。

フランチャイズの意味すら、知らなかったのにね。

桜子は当時の洋介を思い出して、ちょっと微笑んだ。

さらに、新聞には、桜子も知らなかった最新情報が掲載されていた。

なんと前芝商店が「頒布会」を始めたというのだ。

北海道内の農家と手を組み、毎月一度、その月のスープカレーのスープと、具材となる野菜や肉などが届く。切って煮込むだけで、前芝商店のスープカレーが家庭で味わえるのだという。しかも、北海道内の複数の農家と契約しており、農家の側にとっても非常に喜ばれているのだという。

北海道の味を、全国の人にもっと伝えていきたい。

洋介のそんなコメントが、新聞記事を結んでいた。

やるなあ。洋介くん。

勉強するだけなら誰にでもできる。

要は本気で実践するかどうかなのだ。

洋介が素直にそして必死に、新たな店の経営に取り組んだことが、桜子にはよくわかった。ここまで徹底して学びを実践に変えたとは。洋介にはやっぱりその才能があったのだ。

「あっ、洋介さんじゃないですか！」

隣のデスクにいた河田が新聞に気づいて、覗き込んだ。

「懐かしいわよねえ。今度の札幌出張のとき、久しぶりに食べに行ってあげようかしら」

「今や12店舗、年商10億円かあ。すごいですよね！」

「何言ってるの。こんなの、まだまだだよ」

桜子は新聞をたたみながら、冷静な顔で言った。

「これならフランチャイズで北海道内に50店舗いけるわ。２年以内にね」

「桜子さん、あのカフェのマスターをそこまで見抜いてたんですね」

「そうじゃないわ。だから言ってるでしょ」


桜子は微笑みながら言った。

「儲けるなんて、簡単なのよ」


河田がヒューと口笛を吹いた。

「キマりましたね、さすが桜子さんですよ。

さあ、新しいクライアントの仕事が始まりますよ、行きましょう、時間です。

今度は年商10億円の老舗和菓子店ですよ」

「10倍の１００億円はいけるわね。楽しみだわ」

桜子は立ち上がり、バッグの書類を確認して、河田と共にオフィスを出た。

遠山桜子。クライアントを瞬く間に業界トップに押し上げる、敏腕コンサルタント。

オフィスの外へ出ると、都心に咲いた桜が、ビル風に花を散らせ、花びらが勢いよく舞い上がった。

見上げると、東京タワーが桜吹雪をまとったかのように見えた。

駐車場から車を回してきた河田が、桜子の前に止まった。桜子は後部座席のドアを開けると、軽やかに乗り込んだ。車は都心方面に向けて走り出し、瞬く間に桜吹雪の向こうへと見えなくなっていった。

おわり

おわりに

私は、人生の師から、「商売」＝「笑売」＝「商倍」だと教えていただきました。

儲けるには、人を喜ばせることが一番大切です。

それなのに、儲からない負のスパイラルに巻き込まれると、お客様を喜ばせることが優先順位の一番にはなりません。経営者であれば、会社の存続、自分の生活が優先されますし、営業マンであれば自分の成績におのずと意識が行ってしまうものだからです。

儲けの仕組みが簡単にわかるように書いたこの本の本当のテーマは「継続」です。継続して、高価格や高収益のものを、お客様に喜んで継続して買っていただくことができるか。


しかし、それだけでなく、会社には「使命」や「責任」があります。継続的にお客様とお付き合いを続けることで、企業は存続することができ、だからこそ会社の使命や役割を果たし続けることができるとも考えられます。

「自社にしか出来ない役割を果たし続ける」。だからこそ、お客様が喜んでお金を使ってくださる仕組み、つまりビジネスモデルが重要なのです。

また、成功するために、もう一つ大切なのが、人との出会いとつながりです。登場人物である前芝洋介は、遠山桜子の出現で大きく人生が変わりました。「誰と出逢うか」がいかに重要かということも、そこに込めたつもりです。

私も株式会社CARITY(キャリティ)会長・株式会社サンリ会長の西田文郎先生に出逢わなければ、この本も出版されていなかったでしょうし、大好きなビジネスモデルの仕事をやっていなかったと思います。心からご縁に感謝致します。また子供の頃から、たくさんの本を与えてくれた両親、いつも温かく見守ってくれる家族、全国のビジネスモデル塾生の皆様に感謝申し上げます。出版にあたりましては、ダイヤモンド社の才女木村香代さんには、本当にお世話になりました。

また、執筆にあたり快くご協力いただだいた

・株式会社ルノールの藤田美知男社長さま

・株式会社ＳＣホールディングスの松本智社長さま
・ラッキーピエロの王一郎社長さま、王未来副社長さま
・株式会社ナチュラルキッチンの岡田信樹会長さま
本当にありがとうございました。各社とも実に素晴らしいビジネスモデルで世の中のお客様に喜ばれている、なくてはならない会社です。
最後に、主人公の前芝洋介こと、札幌のスープカリー奥芝商店の奥芝洋介君はビジネスモデル塾生でもあり、公私ともに仲良くさせていただいている実在の人物です。実際は、もっとしっかりした優秀な経営者だということを申し添えておきます（笑）
この本で、多くの皆様が商売を楽しいと思え、人を喜ばせる企業が増えますことを心から願い感謝の言葉に代えさせて頂きます。
そして、この本を読んだ後に「儲けることは、案外、簡単かも……」そう感じていただければ、これほど嬉しいことはありません。

２０１５年８月

髙井洋子

〈参考文献〉

『俺のイタリアン、俺のフレンチ　ぶっちぎりで勝つ競争優位性のつくり方』坂本孝著（商業界刊）

『Ｂ級グルメ地域Ｎｏ．１パワーブランド戦略』ラッキーピエロ社長　王一郎著（商業界刊）

［著者］
高井洋子（たかい・ようこ）
株式会社CARITY代表取締役社長。横浜出身。経営者として任された家具の販売会社を３年で事業拡大、オリジナル家具販売のフランチャイズ化、さらにオリジナル住宅販売、リフォーム事業などを手掛け、立上げから3年でグループ年商70億円を達成。その後、経営コンサルタントに転身、2012年に優秀なブレーンとともに会社を設立、代表取締役社長に就任し、現任。
現会社の経営の中心である中小企業の経営者を対象にした「ビジネスモデル塾」は高額にもかかわらず人気で、３年ですでに34期を開催、全国500社を超える多くの中小企業経営者が通う行列のできる講座となっている。現場感覚を持ち込んだビジネスモデル構築や戦略、戦術策定の指導、アドバイスを行い、V字回復した会社も数多く、中小企業の現状打破、業績向上に貢献。
世の中のビジネスモデルを分析し、どのように儲けているかを検証するのが趣味で、この本の主人公と同様、「儲けるなんて、簡単よ」が口ぐせ。

400円のマグカップで4000万円のモノを売る方法
「儲けの仕組み」が、簡単にわかる！

2015年 8月27日　第１刷発行
2015年 9月18日　第２刷発行

著　者――高井洋子
発行所――ダイヤモンド社
〒150-8409　東京都渋谷区神宮前6-12-17
http://www.diamond.co.jp/
電話／03･5778･7234(編集)　03･5778･7240(販売)
装丁――――萩原弦一郎＋藤塚尚子（デジカル）
本文デザイン･DTP－新田由起子（ムーブ）
製作進行――ダイヤモンド・グラフィック社
印刷――――加藤文明社
製本――――ブックアート
編集協力――まき りか
編集担当――木村香代

©2015 Yoko Takai
ISBN 978-4-478-06734-5
落丁・乱丁本はお手数ですが小社営業局宛にお送りください。送料小社負担にてお取替えいたします。但し、古書店で購入されたものについてはお取替えできません。
無断転載・複製を禁ず
Printed in Japan

◆ダイヤモンド社の本◆

投資、就職、取引先の判断に役立つ！
会社を見極める意外なポイントとは？

5300社の会社を訪問し、5700人の社長と会った「ひふみ投信」のファンドマネジャーが指南する「成長する会社」の見分け方。「会議室の時計が５分以上ズレている会社には投資してはいけない」などの判断基準は、投資だけでなく就職や取引先の判断にも使える！

5700人の社長と会ったカリスマファンドマネジャーが明かす
儲かる会社、つぶれる会社の法則
藤野英人［著］

●四六判並製●定価（本体 1500 円＋税）

http://www.diamond.co.jp/